スマホ・チルドレンもめごとSOS

〜ネット社会を生きる子どもたちのために〜

SOS

Smartphone Children SOS

批評社

はじめに

訴えられたらどうするの？

ある日突然。内容証明や裁判所から訴状や調停申立書が送られてくる場合があります。この場合、ほとんどの人は慌ててしまいます。心当たりのある人は別ですが、ない人はさらに混乱してしまいます。

このように私たち日本人は、裁判沙汰になればなおさら慌てます。

これはある意味、日本人の〈危機管理認識不足〉、〈危機管理知識不足〉から起こる恐怖心の一つですが、この「恐怖心を利用する」のが他人を訴えることによって利益を得る法律専門家たちの常套手段となっているのです。

では、その恐怖心は何から起こるのかといえば、法律による裁判沙汰の結果、「罰則規定」や「損害賠償」による損害金を請求する権利が生じるからなのです。ほとんどの人が最初に恐れることがこれに当てはまります。次に怖いのが秘めごとが他人に知られてしまうことへの恐れです。

「裁判で訴えられれば信用を失ってしまう……」「恥ずかしくて街を歩けない……」「これから仕事ができなくなる……」など、建前や外聞を気にする日本人は、これらのことがお金の次に心配になります。

このように裁判沙汰は、被告の心理面を攻撃し、原告の利害得失を有利に運ぶための戦術ともいえます。

ただし、他人を傷つけたり、陥《おとしい》れたり、金品を騙して詐取したりすれば、他人への心理的攻撃というよりも法を犯した犯罪になります。法は社会の安寧秩序を守るため、訴える側の損失を防いだり、名誉を守るために無法行為を許さないで、社会正義を遵守して、不当な告訴には罰則を下し、正当性のある弱者を保護するための社会的規範でもあります。

特にこれからの時代は、インターネット等の急激な発展とともに、個人のプライバシーはもちろんのこと、肖像権侵害、著作権侵害、著作者人格権侵害、個人情報保護法違反など、「他人を訴える！」「訴えられる！」といった裁判沙汰が日常茶飯事となり、私たちの生活や仕事にかかせないことになっていくことは間違いありません。

私は弁護士でも法律の専門家でもありませんが、おそらく私くらい数多く訴えられ、痛い目にあったり怖い思い、悔しい思いをした経験者はあまりいないのではないかと思います。「訴えられた側の心理」の専門家ではないだろうかと、最近密かに思うようになりました（決して自慢にはなりませんが……）。

しかし、これらの体験は決して良いことではなく、みなさまには私のようにならないでほしいという願いも込めています。また、理不尽な要求に対しては断固として戦うことも必要です。しかし、何もかも、すべてを法律専門家の言いなりになる必要もないのです。

地裁、高裁、最高裁で勝訴してもその裁判にかかった費用は決して容易に支払える費用ではありません。もちろん勝訴すれば裁判費用は相手が支払うことになっていますが、敗訴者に支払い能力がなければ支払ってもらえません。結局、原告は勝訴しても莫大な裁判費用を自己負担しなければなりません。これが訴訟沙汰の現実です。

ですから、裁判は弁護士に依頼しないで、自分一人で戦うくらいの姿勢と覚悟が必要なのです。裁判にかかる時間、費用、労力は莫大なものです。専門家に任せれば楽ですが、それだけの費用を負担しなければなりません。結局、理不尽だが泣き寝入りを決め込むか、断固戦うか二者択一を迫られるのです。

インターネットの回路が人間生活のすべての面を覆っているなかで、あらゆる情報が錯綜してあふれかえっています。そのほとんどが一般の人には不用な情報でありながら、一秒の何十分の一秒を争って利害得失の取引データがリアルタイムで世界中に流通しています。同時に、二四時間三六五日、休むことなくネット市場にはさまざまな利害得失の取引をチェックする機能が市場を監視しながら蠢いていると言っていいでしょう。

この複雑に錯綜した利害得失のネットワークを駆使している人たちがエリートと言われていて、地球上の富の九九％を独占しているのです。何とも羨ましい限りですが、彼らも彼らなりに苦労しているのでしょう。

これらの監視機能から狙われた子羊が生け贄となっているのです。「人の心理面を攻撃し、自らの利害得失を有利に運ぶための戦術」がいつでも、誰でも訴えられるかもしれないという恐怖を煽っているのです。用心に用心を重ねていたとしても裁判制度を悪用する専門家も現れ始めてきたので事態は深刻なのです。

さて、具体的に次のような警告文が届いたらどうしますか。

警告

貴殿のサイトの画像及びイラストの無断使用は著作権侵害です。すみやかにそのサイトを閉鎖し、貴殿が今まで無断で使用してきた著作物により得た不当な利益、及び著作権侵害、著作者人格権侵害により当方が被った損害賠償相当額の○○万円を○月○日までに指定の口座にお振込みください。○月○日までにお振込みがない場合は著作権法により著作権侵害行為として裁判の手続きを行います。

○○○株式会社

警告

貴方のホームページに掲載されている文章及び写真は、私の著作物です。私は、貴方にその著作物の使用許諾を与えた覚えもなく、私の著作物を無断で使用した場合は著作権侵害になります。つきましてはすみやかに掲載内容を削除するよう請求します。また、貴方のホームページに謝罪文の掲載及び誠意ある損害金を同時に請求します。本状書面到着後、○○日以内に回答及びお振込みなき場合は法的手段を取らせて頂くことを念のため申し添えます。

○○○○株式会社

警告

貴社のブログに掲載されている集合写真は撮影者（カメラマン）からの許諾を得ているのかもしれませんが、掲載されている集合者全員から使用許諾を得たのものではありません。私及び掲載されている友人たちも貴社のブログに掲載することを許可していません。このまま無断使用して放置したならば貴社の信用を失うものです。○月○日以内に削除をお願い致します。誠意ある解答なき場合は弁護士より法的処分及び民事告訴する手続きを取らせて頂きます。

株式会社○○○

警告
貴方のフェイスブックに投稿されている私の肖像写真はどなたにも掲載許可及び投稿等を認めてはおりません。すぐさま削除をお願い申し上げます。○月○日までにご回答、削除がない場合は肖像権侵害として損害賠償を請求します。
株式会社○○○

警告
貴社のウェブ上において当社のホームページに掲載してある商品画像が無断で掲載されております。当社は使用許諾を貴社に出しておらず当惑しております。また、その商品画像は無断で加工されており、他の使用許諾を与えている代理店等に対しても無断で使用する事自体許されるべき内容ではありません。速やかに削除及びご回答を○月○日までにご連絡下さりますようお願いを申し上げます。
ご回答が期日までにない場合は、法的手段及びアカウントの停止、アカウントにアップロードされたすべての動画の削除、新しいアカウント等の作成ができなくなります。
株式会社○○○

私には関係ないと思う人たちへ

ほとんどの人たちは「内容証明」だの裁判所など関係ないと考えているようですが、これからの時代はいつでも、誰でも当事者（加害者・被害者）になる可能性があります。

その理由は、インターネット等の急速な発達によってさまざまなトラブルが急増しているからです。また、そのトラブルに輪をかけてクレーマーと呼ばれる専門家まで登場する時代となりました。彼らは、相手の弱みに付け込み、恫喝したり裁判を利用して多額の金品を要求する者たちです。

スマホからＳＮＳ（Social Network Service）、フェイスブックなどの投稿やメールやブログ、ホームページ上での弱点（違法行為）を見つけて訴訟を起こす者たちです。知らずに使用していた他人の著作物や写真、画像を見つけ出しすぐさま内容証明を出し、期日までに返答がなければ裁判所へ民事訴訟を起こすと脅してきます。

これらは裁判制度の悪用のひとつで、そのことを「スラップ（slapp・恫喝）訴訟」と呼びます。このスラップの意味は、民事裁判の性質を利用して相手に苦痛を与えることができます。

昔はこのようなことをする者は「訴訟魔」とも呼ばれ、何かことが起こるとすぐに裁判を起こすクレーマーのような存在でしたが、現代はスラップといいます。このスラップの特徴は、「嫌がらせ」「仕返し」「腹いせ」「報復」「喧嘩」を目的としたものです。つまり、相手に苦痛を与えれば良いのです。そして、最終的には損害賠償請求による金品目当てとなります。

裁判所は事務的な手続きにおいて間違いがない提訴はすべて受理します。提訴内容に間違いがあっても、事実でなかったとしても、嘘であったとしても簡単に訴えることができます。あとは裁判で決着をつける以外にないのです。

間違ったことをしていなければ大丈夫？

「私は何も間違ったことはしていないから大丈夫！」「何もやましいことはない！」「そもそも、他人から恨みを買うようなことはしていない！」と安心している人がいますが、それは自分や身近な人にそのような被害経験者がいないためにそう思っているだけなのです。

しかし、自分では何も問題がないと思っていても現実は危険だらけです。人間関係とは複雑なもので、イエス・キリストやブッダが数千年前にあるべき人間の心の在り方を唱えていますが、現代人も同じ悩み事を抱えています。文化や技術は発展しても人の心は数千年前から変わっていないことがわかります。

また、「他人を傷つける行為」というものは千差万別であり、本人が意識していなくても相手の心を傷つける場合もあります。他人を傷つける行為のほとんどが「言葉」によるものです。

ネットのデジタル媒体が発達したため多くの人々は文章（文字）や画像や音楽や映像を自由に利用できるようになりました。

メールやLINE上で交流していても、お互いにその人についてよく知っている人ばかりではありません。一度も会ったことも話したこともない人同士がデジタルで結ばれているだけなのです。ですから、素直に「ありがとう」と送ったら、「嫌味ですか」などと受け取る人もいます。「身体は大丈夫ですか？」と心配してメールを送ったら「余計なお世話だ！」と返信する者もいます。

このような場合は、お互いの信頼関係が構築されていれば問題にはなりませんが、信頼関係のない相手には注意して言葉を選んで送らないと、誤解を招いたり、嫌味に取られたりする場合もあります。本来、文章（文字）でお互いに自分の感情を伝え合うのはむずかしいことかもしれません。

デジタル文字の長い説明などは相手に迷惑を与える場合がありますが、最近若い人たちに流行っているあまりにも短い言葉は説明がなく誤解される場合があります。

このように「間違ったことはしていない」「悪いことなどしていない」「人を傷つけるようなことなどしていない」と思っていても相手に誤解を与えたり、深い傷を与える場合もありますから、このようなことで人に恨みを買う場合もあります。

私には関係ない、そう思っていても、ある日突然あなたが加害者として告訴され、被告人になってしまったらどうなのでしょう？

きっと慌てふためき、最初に感じることは「何で⁉」と思うはずです。どうしようか、と脳裏には不安と恐怖心が襲ってきます。「スラップ」の場合はそこが狙いなのですから陰湿で悪質なものです。

何度もいいますが、裁判制度は罪を犯した人に恐怖心を与える心理的効果のあるものですが、罪のない人にも恐怖心を与えます。その恐怖心とは裁判という仕組みを知らないからです。

たしかに裁判制度は、事実関係が錯綜したり、複雑になって利害が入り組んだりして面倒になります。告訴されれば、自分の意志に反して強制的に裁判所に呼び出されて出向き、裁判を受けなければならないのですから。

裁判制度が多くの人たちの利害調整のための制度として優れていたとしても、その構造や法的制度を理解するだけでも大変です。

それにしても、裁判所など行ったことがない、どこにあるのかもわからない、誰に相談すればいいのかわからない、弁護士を知らない、多額の費用がかかったらどうしよう……と心配になります。また、私が裁判所に行っていることが世間に知られたら恥だ、笑われるかもしれない、何も悪いことをしていないのにまるで犯罪者にされた気分になってしまうのです。

テレビで見る事件もののドラマのように、裁判官の前で「私は嘘をつきません。事実をありのままに供述します」と宣誓し、裁判官や相手の弁護士から犯罪者のように責められる自分の姿を想像しただけでとてもたまったものではありません。耐えられない、まったく不愉快だと誰もが考えさせられてしまいます。

また、裁判には時間とお金がかかります。長い期間の間、日程を強制され、裁判所に出頭する日々が続きます。仕事どころではありません。告訴して裁判を起こす側はそれだけ相手に精神的、身体的、金銭的苦痛と負担を与えられることを知っているのですから裁判の勝ち負け以前に有利に働きます。

私自身も訴えられるまで裁判所などは生涯関係なく、行くことはないだろうと他人事でした。しかし、私自身の身の潔白とは関係なく無理矢理に引きずり込まれてしまいました。そして、長期間にわたって言語に絶する苦痛の日々が続きました。

本書は、「フェイスブック」「SNS」「インスタグラム」「LINE」「メール」「ブログ」「ホームページ」などのウェブ上の問題点、トラブルの原因、予防策についてQ&A方式でまとめたものです。質問内容のすべては実際に経験された当事者の方々からいただいたリアルなものです。

全世界を瞬時に行き交うインターネットが席巻したグローバル時代に、かつての時代では考えられなかった様々な文化変容の中で、これからも実際に起こり得るスラップや裁判沙汰に対して皆様のお役に立つことを願ってまとめたものです。ぜひ、ご一読をお願い申し上げます。

特定非営利活動法人著作権協会
理事長　富樫康明

スマホ・チルドレン

もめごとSOS

ネット社会を生きる子どもたちのために

もくじ

第2章 事件に巻き込まれる子どもたち

28　ブログやホームページの危険性……101
Q 友だち同士でホームページを作って遊んでいるようです。心配になるのは、誰もルールを教えてくれないことです。どうしたら良いでしょうか?
「友だちが増えて楽しいサイトだよ」と言います。このサイトは安全なのでしょうか。

第3章 知らず知らずに犯罪者になる子どもたち……103

スマホは危険だらけ――ネットいじめの構造……104／「泣き寝入り」で終わらせない法律知識……106

29　プライバシーって何ですか?……111
Q 子どものフェイスブックを見たら友だちとの写真やお話ばかりでした。楽しそうにも思えますが不安にもなります。プライバシーはどうでしょうか?

30　パブリシティって何ですか?……112
Q イベント会場で有名な歌手の方と記念写真を撮り、自分のホームページにアップしたら、ある音楽事務所から「パブリシティの侵害だ!」と抗議が来ました。

31　個人情報って何ですか?……114
Q ネットの掲示板に私の住所やメールアドレスも載っているため、知らない人からメールが届くようになり、怖くなりました。どうしたら良いでしょう?

32 肖像権って何ですか？……115
Q 私の子どもの顔写真が知らない人のホームページやフェイスブックに載っています。私は誰にも許可を与えてはいません。どうしたらいいでしょうか。

33 著作権って何ですか？……117
Q 私が撮影した楽しそうな子どもたち一〇人の集合写真に一緒に映った子どもの親からクレームがつき、私を訴えると言うので困っています。

34 送信化権って何ですか？……118
Q 子ども会の会報（印刷物）として集合写真を撮り、同時にホームページに掲載したところ、クレームがつきました。どうすれば良かったのですか？

35 著作者人格権って何ですか？……119
Q 子どもが撮影した写真が入賞して子どもは大喜びでしたが、「入賞作品の著作権は主催者に帰属する」というのです。このままで良いのでしょうか？

第4章 ネット・トラブル対策……121

36 日常生活の中でのネットの防犯知識……122

42 フィルタリングの必要性……130
Q 子どもには「フィルタリング（見たくない、見せたくないものを除く）」が必要だと言われました。子どもが何歳頃に解除すれば良いのでしょうか。

43 不明瞭な請求は警察へ……131
Q 子ども宛に突然請求書が送られてきました。子どもに聞いたら覚えがないと言います。繰り返し請求書が来るようになりました。どうしたら良いでしょうか。

44 過激な発言は攻撃の的……132
Q 子ども同士がネット上で喧嘩となり、そこに見知らぬ他人まで参加して一〇人以上に増えています。どうすればよいでしょうか？

45 「なりすまし」に気をつける……133
Q 息子の名前でフェイスブックやＳＮＳで、友だちの実名まで出して悪口を言い続けるため、息子は学校へ行けなくなりました。どうしたらいいでしょう。

46 あやしいサイトには近づかない……134
Q 有名な通販サイトなのに嘘のサイトでした。本物か偽物かを見分けるのがむずかしく、被害に陥りやすいと思います。何か良い方法はありますか？

47 子どもにはＱＲコード（二次元コード）を読み取らせない……135
Q 子どもがＣＤショップの会員になるためＱＲコードを利用しています。新聞折り込みやチラシにもＱＲコードがありますが、何に注意すれば良いでしょうか？

48 自分や他人の個人情報を載せない……136
Q 子どもが互いにLINE交換をして知らない会員との会話を楽しんでいます。自分や友だちの情報を安易に漏らしているので注意したいのですが。

49 ネットアンケートには要注意……137
Q 「ネットアンケート」に答えるとお金や景品が貰えるらしい。一〇〇〇円稼いだ三〇〇〇円儲けたと、子どもたちの話題になっている。大丈夫でしょうか?

50 もう一つのメールアドレスを持つ……138
Q 迷惑メールが後を絶ちません。大人にも迷惑メール、不明メールが入ります。特に外国からの意味の分からないメールも多く、どうしたら良いか困っています。

51 個人情報の漏えいを確認する……139
Q 子どもの名前をネットの検索エンジンでチェックしたら、住所、氏名だけでなく趣味や学校名、友だちの名前まで出ています。どうすれば解決できるでしょうか?

52 ネット上の安全対策……141
Q 子どもたちに使っていいサイトとはいけないサイトを教えるにはどうしたら良いでしょうか?どのようなルールが必要になるのでしょうか?

53 ネット・トラブルの相談先を「お気に入り」に登録する……143
Q ネット上でのトラブルで困った場合の連絡先がわかりません。他の人たちはどのように問題を解決しているのでしょうか? 相談先があれば教えてください。

序章

いま、子どもたちが危ない！

今から二〇年前、私は著作権に関する本を出版いたしました。

その頃はまだ世の中に、「著作権」という言葉が一般にはそれほど浸透していない時代でした。

その本の序文で私は、次のように書いたことを思い出します。

「今、著作権という『怪物』が動きはじめた」と。

あれから二〇年が過ぎて、私は、

「かつての怪物が、いま神となった……」

と、書かざるを得ない心境でいます。

その理由は、通信媒体のさらなる発達による新時代の到来とともに、世の中が大きく変わり始めたからです。国内だけでも、一億数千万人がケータイやスマホを持ち、多くの人が自らの著作物を持つ著作権者といえる時代になりました。

スマホやケータイなしの生活は考えられないほど、人々はスマホに頼り、依存し、インターネットに興じて、まるで守護神のような必須アイテムとなっています。

スマホの出現によって、大人たち、子どもたちの人との関係世界が一変しました。

インターネットは人々に、いつでも、どこでも、誰とでも、一瞬でつながることを教えました。

人々は、そのつながりに安らぎを覚える反面、脅威をも覚えるようになりました。


インターネットが人々の生活に、多大な影響を与えています。幼い子どもたちにスマホを与え、ゲームに興じる子どもたちにホッと胸を撫でおろす若い母親たち。その束の間が、子育てに疲れ果てた母親の唯一の休憩のための時空間なのでしょうか。

ぐずってせがむ子どもにゲームアプリを与えれば、子どもたちは瞬時に魅惑の世界へ浸り込み、おとなしくなってくれるのですから、無理もないことかもしれません。こうして子どもたちは、親が与えてくれるスマホにハマっていくのです。

誰もが毎日、この便利なお守りを持ち歩き、どこかに置き忘れてしまえば、驚愕して、身も心も凍《い》てついたように動きがとれなくなるほど焦燥を感じます。

メル友にメールやラインを送り、相手から返事がなければ無視されたか、嫌われたかと不安になり、あればあったで姿なきつぶやきに悩み、苦しむのです。

フェイスブックやメールの応答に日々追われ、スマホ画面から目が離せなくなる。歩きながら、自転車に乗りながら、電車やバスの中でも、車を運転しながら、スーパーのレジの前でも、居酒屋でも、食事中でも、お風呂の中でも手放すことができなくなります。


まさに、スマホは守護神、頼り神の神器。

しかし、大人も子どもも、その神の存在を知らない。

もちろん、その神の世界に予期せぬ恐ろしい怪物が潜んでいることを。

ネット社会は、まだ産声をあげたばかりの未熟な社会です。スマホをはじめ、様々なツールやアプリは注目をあびながら日々更新されて、人々は容易に入手して、手軽に扱えるようになっています。利便性あふれる生活を与えられる一方で、ネットを利用した新たな事件や犯罪、そして個人を特定できにくい複雑な通信回路が余計な混乱を招いてもいます。「知らなかった」では済まないケースに遭遇して、誰もが「悪意なき加害者」となり得る時代でもあります。

これからの未来に向けて、世界中の人びとが健全なネット社会を構築していく上で、すべての人に平等に与えられ、かつ守られるべき人格権として、著作権はより一層人々を護り、導きゆく「神」の役割を果たしてゆくのではないでしょうか。

まだ何も知らない子どもたちをネット社会の脅威から護るために、日本全国から寄せられた多くの質問事項をもとに、私は本書をまとめました。

本文に取り上げた内容は、インターネットを使うことによって訴訟沙汰を抱えてしまった人びとの困難な問題、あるいはインターネットをめぐる利害得失に関わる諸問題、知りたいこと、わからないことなど、多くの人が直面している項目を中心に構成しました。

質疑応答の内容は、誰にも起こり得る事柄ばかりですので、我が事に置き換えて読んでいただき、ぜひご家族みんなで話し合い、確認し合う機会にしていただきたいと思います。

第1章

ネットいじめと普通のいじめの違い

顔が見えないネットいじめという怪物

「ネットいじめ」は普通のいじめと違い、二四時間、三六五日、昼夜を問わずに起こります。

なぜかというと、スマホやケータイを持った子どもたちは深夜、布団の中からでも、自由に誰とでもつながることができるからです。

大人たちから見ると、他愛のない子どもの遊びのように思われているようですが、子どもたちは、その遊びに真剣に対応しています。お互いの顔が見えないために、普段言えないことについて自由に話ができて、そのことが楽しいのです。しかし、その楽しさは一瞬にして恐怖に変わります。

「スマホによって、お互いのコミュニケーションがスムーズに行われるようになった」、「相手の考えが良くわかるようになった」と言われるようになりましたが、実際はどうでしょうか？　便利になればなるほど、何かが失われていることに気づけるでしょうか？

例えば、子ども同士でお互いに対面して話をする場合と違い、ケータイやスマホやＬＩＮＥ、フェイスブックの場合は、文字情報が中心となります。

文字情報は、単純化されているため、プロセス（説明やニュアンス）が短絡されて伝わってしまい、結論的な言葉になりがちです。そのかわり言葉は声に出して伝えることにより、感情も伝わります。

対面して話せば、さらに相手の表情が加わるので、より感情（気持ち）を繊細に伝えることができます。メールやライン、フェイスブック等では、言葉としての文字の精確さは伝わりますが、意志の疎通力が失われるので、感情（気持ち）の行き違いを生じやすくしてしまうのです。

そのため、普段「馬鹿ね」と言われる言葉でも、文字情報だけが残り、感情が見えないため、不安や怒り、恐れだけが残ってしまう可能性があります。

そうなると、軽い冗談のつもりが単なる冗談でなくなり、誹謗中傷として受けとめられると、子どもたちにとっては、夜も眠れないくらいの言葉の暴力となって跳ね返り、自殺にまで追いやられてしまうケースも起きてしまうのです。

大人は、そのような言葉と感情の行き違いで生じる誤解は無視すればいい、と簡単に考えてしまいがちですが、たとえ大人であっても当事者ともなれば、その状況は同じであるはずです。誰もが心ない言葉によって傷ついたり、悩んだり、気にしたりするのと同じです。

「ネットいじめ」は、意地悪やからかいなど、普通のいじめとはまるで次元の違うものです。単なる言葉遊びのように思えるときもあれば、事情や経緯をよく知っているメンバーにはシリアスで残酷な情景に思えたりして、事の成り行きを固唾を呑んで見守っているようです。

ネット上では加害者が瞬時に、しかも効率よく、相手にダメージを与えてしまうのが普通のいじめと大きく異なるところです。またネットいじめは、その場で終わるものでなく、加害者を特定できない場合もあり、一旦ネットいじめが始まると、多くの者が見ることができるため、瞬時に連鎖反応が生じて広範囲に広まり、一度拡散すると食い止めることができなくなり、問題のメッセージや画像（映像）を簡単に削除できなくなります。

自宅にいても、一人で部屋の中で苦しみ、悩む子どもたちは、壁一枚隔てた場所で、親の知らない地獄を味わっているかもしれないのです。

家族の前では、いつも悩みなど縁がないような笑顔かもしれませんが、一人ぼっちになった時の子どもたちの哀しい顔が見えないでしょうか。誰もが、どうしたら良いのかわからないと言います。ここに、リアルな質問をお持ちの方々がいます。さあ、一緒に考えてみましょう。

01 小学生を守るためのスマホの持たせ方

Q 小学生の息子に、スマホが欲しいとせがまれています。まだ早いと思っていましたら、友だちはみな持っていると言うのです。私は買ってあげないので、意地悪しているように思われています。どうしたら良いのでしょうか？

A 最近では幼児にスマホを持たせている親が多くなりました。親とはいえ、一日中子どもの世話をやいている訳にはいきません。

これまでは、テレビのアニメ番組などを見せておとなしくさせていたのですが、子どもはそれだけでは物足りなくなり、スマホアプリのゲームを与えることで、その場を凌ぐようになりました。子どもたちにとっては、いつも大人が扱っている憧れのケータイやスマホで遊べるわけですから、楽しくて仕方ないのも当然でしょう。

子どものオモチャも高度化し、テレビからゲーム、そしてスマホに変わってきたのです。小学生ともなれば、友だちの多くがスマホを持っているわけですから、持たなければ仲間外れになります。するると、親は我が子を不憫に思い買ってあげることにします。そこで先ず、ただ買い与えるだけでなく、スマホやケータイの危険性を親自身が知らなければなりません。

昼夜、親も子も、スマホでメールやＬＩＮＥをしているのですから、親が手本を見せる必要があるでしょう。購入する時、交換する時、使用するにあたって最低限の条件をつける必要があります。

それは、時間制限（門限）です。

一日三時間から五時間、夜の九時以降は禁止といったような制限です。

夜中の一二時〜朝方の送受信をしない、電源を切るという条件（ルール）です。

もちろん、約束が守れない場合は使用禁止です。

最近の子どもたちはみな寝不足です。

これでは心や身体に良いわけがありません。

02 トラブルだらけのスマホ危険地帯

Q 子どもにスマホを持たせていますが、何を注意するように伝えれば良いのかがわかりません。子どもだけでなく、大人も何を注意すれば良いのでしょうか、教えてください。

A まずは、親がスマホやネット上の危険性を学ぶ必要があります。

特定のメールやLINEなどは相手の所在が明確なので、心配は少ないものですが、不特定の人たちを対象としているSNS、フェイスブック、ブログ、ホームページなどには、思いもかけない多くの危険が潜んでいることを意識しましょう。

その中で注意しなければならないのは、「画像」や「動画」です。特に注意しなければならないのは、自分の肖像（容姿）や他人の肖像です。

ケータイやスマホにはデジタルカメラ機能があり、誰もが簡単にキレイな写真や動画を撮れます。個人間で楽しむためのものであれば良いのですが、不特定多数の人が自由に見られる環境では、トラブルが多発しています。

画像には、「肖像権」「プライバシー権」「パブリシティ権」「個人情報保護法」といった複雑な法的権利関係[*1]があるからです。

もし、あなたの肖像（顔）写真が、まったく知らない所で勝手に利用されていたとしたらどうでしょうか？　また、パロディと称して写真の一部だけを使って他の卑猥な写真とコラージュされて公開されたらどうでしょうか。

さらに、フェイスブックに載せたわが子の写真が、他の媒体で勝手に利用されていたらどうでしょうか？

何らかの犯罪に利用されていたらどうでしょうか？

何者かが自分になり代わって勝手に友達の悪口を言って、「なりすまし」されたらどうでしょうか？

自分が撮影した友だちの肖像（顔）を知らない人が利用していたら、あなたのお友だちはどう思うでしょうか？

誰にも見せたくなかった写真が、勝手に拡散してしまったらどうでしょうか？

記念写真を撮るとき、カメラに向かってVサインをしただけで、自分の指紋が勝手に第三者に使われてしまう今の時代において、これらの事態にどう対処しますか？

このように、ネット上のやりとりすべてが、第三者に勝手に利用されてしまう恐れがあるのです。

スマホはプライベートなものだと思い違いしていませんか。スマホがプライバシーの保護機能を失うと、危険地帯と化してしまいます。

＊１　写真や映像を撮影した人には、「著作権」「著作者人格権」があり、写された人を保護するために、「肖像権」「個人情報保護法」という法律があります。個人間の「私的使用」に関しては問題ありませんが、不特定多数を相手にしたネット上では、撮影した者（著作権者）と写された者（肖像権者）の両者の許諾がなければ勝手に使用することができません。

03 有害サイトから子どもたちを守る

Q 私は子どもに、「フィルタリング」で有害サイトに制限を加えています。それ以外にも「交流サイト監視サービス」があると聞きました。どうすれば利用できるのでしょうか？

A 「フィルタリング」とは、有害サイトアクセス制限サービスのことで、違法で有害なインターネットのウェブページを一定の基準で評価判別し、排除することのできる機能のことです。

しかし、フィルタリングは契約した通信会社の通信のみで、Ｗｉ-Ｆｉ（無線ラン）など別の通信会社を経由する場合は、フィルタリングを掛けることができません。

Ｗｉ-Ｆｉとは、様々な施設内、公の場所などで、無料で利用できる無線インターネットサービスのことです（有料のものもある）。

また、親が子どもの行動を遠隔監視する「交流サイト監視サービス」[＊2]があります。

これは、保護者があらかじめスマホにインストールしておくことにより、保護者のパソコンからフィルタリングを掛けると、子どもが閲覧した履歴がわかるようになります。

LINEで子どもが受け取ったメッセージを、親が代わりに監視できるサービスもあります。これは子どもがトラブルに巻き込まれたり、いじめにあったりした場合にトラブルの原因を発見することを目的としたものです。

＊2　二〇一四（平成二六）年から、交流サイト監視サービス「Filii（フィリー）」で、LINEの監視機能サービスを利用できるようになり、「死ね」「消えろ」「うざい」など、援助交際やいじめ、犯罪に使用されそうな隠語約二万語を選定し、子どもたちがLINEで受け取るメッセージの中で、それらの隠語が反復して使われると、親が確認（警告）することができる機能です（但し、子どもの同意が必要です）。

ここで注意すべきことがあります。

それは、子どもたちにもプライバシーがあるという当たり前のことです。

親が子どもたちに見せたくないものがあるように、子どもたちにも親に見せたくないものがあります。その内容がたとえ親から見て他愛のない内容であったとしても、子どもたちには大切な情報であるかもしれません。

すべての人にあるプライバシーは、お互いが守り合う「プライバシー」であり、そのプライバシーに入り込むことが、どこまで許されるかという問題もあります。

親が他者から監視されたくないように、子どもも常に監視されるようになれば、その監視から逃れようとするのは当然のことです。

ですから、監視を強化することではなく、子どもたちが安心して楽しめるスマホのルールが必要になるでしょう。

それには、お互いが尊敬し合える親子関係、友達関係づくりが重要です。

子どもが何らかのトラブルに陥った時、どうして親や先生に相談できないのでしょうか？

それは、信頼関係が不足しているからではないでしょうか？

04 子どもたちの姿態写真が売られている

Q 「児童ポルノ」とはどのようなことですか？「ポルノ」といえば大人たちの性的な絵や映像が思い当りますが、児童の場合、具体的にはどういったことが児童ポルノになるのでしょうか。実際にあったケースを教えて下さい。また児童とは何歳までなのですか？中学生、高校生には、規制はないのですか？

A 「ポルノ」という言葉が一人歩きしていますが、どのくらいの人がこの意味を理解しているのでしょうか。「ポルノ映画」とは「裸体や性行為を描き、観客に性的興奮をもたらすことのみを目的としたもの」です。

そもそもポルノとは、ポルノグラフィー（pornography）の略語で、本来の意味は「猥褻《わいせつ》な文学・絵・写真など」ですが、最近では、魅惑的なものを「ポルノ」と表現しています（○○ポルノという言葉で、フードポルノ・愛国ポルノなど）。

「児童ポルノ」とは、子どもたちの姿態写真や映像を利用して、視覚により性的興奮を喚起する表現方法によって描写したもののことを指します。

「子どもの性行為、性行為類似に係る姿態。子どもの性器を触れる行為又は他人の性器に触れる行為。子どもの衣服の全部又は一部をつけない姿態で性欲を興奮させ又は刺激するもの」（児童ポルノ禁止法）[*3]という定義があります。

ある意味では、成人が児童に性的に異常な興奮を覚える変態性欲の行為ともいえるでしょう。

このように児童ポルノ犯罪防止の一環により、幼稚園や小学校、様々なイベント会場においては、子どもたちの撮影禁止という措置が行われている学校も目立ち始めました。

子どもたちの運動会や文化祭に特殊なカメラを持ち込み、親に見えないように撮影している場面なども見受けられます。

そして、児童の姿態をネット上で流し、販売している者もいますし、同じ子どもをいつまでも追いかける写真マニアもいます。

それらの行為を禁止するために、「児童ポルノ禁止法（児童買春、児童ポルノに係る行為等の規制及び処罰並びに児童の保護等に関する法律）」が生まれました。その法律によると、十八歳未満の児童を対象としています。

学校内や公園内、プールや様々なスポーツ施設内などで許可なく、プロ並みの望遠レンズ等を持ち込んでいる人には要注意です。多くの児童がいる施設内での撮影には特に許可を得る必要があります。

＊3　児童ポルノを提供した者は、三年以下の懲役又は三〇〇万円以下の罰金となります。それは、撮影し

た者も提供した者も同罪になります。児童買春した者は、五年以下の懲役又は三〇〇万円以下の罰金。児童買春を斡旋した者は、五年以下の懲役又は五〇〇万円の罰金。児童買春を業とした者は、七年以下の懲役又は一〇〇〇万円以下の罰金となります。

05 復讐が怖い、泣き寝入りしかない

Q リベンジとは、復讐という意味だと思いますが、「リベンジポルノ」[*4]とは、どのような意味ですか？　また、子どもが被害に遭った場合、どうしたら良いですか？

A リベンジポルノ（Revenge porn）、あるいは復讐ポルノとは、離婚した元配偶者や別れた元交際相手が、相手から復縁を拒否されたことの仕返しに、相手の裸の写真や動画など、相手が公開するつもりのない私的な性的画像を無断でネットの掲示板に流出させて嫌がらせをすることです。

まさに逆恨みのリベンジともいえます。

これは、親密であった関係が憎しみに変わった場合ですが、いじめの世界では、同じような場面やいじめられた人の裸の画像などを無断でネット上に流出させます。このような画像は、一度出回ってしまうと、なかなか削除ができません。芸能人のような有名な人はパブリシティ権（その人に備わった顧客吸引力のような経済的価値）があるため、比較的対処しやすいのですが、子どもたちや一般人は泣き寝入りしたままといえます。

また、そのような画像が公表されなくとも、別れた相手がその画像を持っているために、いつも威《おど》され脅《おび》え続けている人もいます。さて、私たち一般人は、このまま泣き寝入りしなければならないのでしょうか？

まずは、子どもたちにそのような写真を撮ってはならない、撮らせてはいけないということを教えなければなりません。子どもたちのまわりには、このような危険がいっぱい潜んでおり、我が子を最低限守るのは親しかいません。

そして、今までのように「泣き寝入り」のまま放置しておいた大人の責任もあります。このようなケースは子どもたちだけではなく、大人も同じ「泣き寝入り」のまま放置しています。さまざまな事情や経緯はあったとしても、結局は「泣き寝入り」に等しい結末を迎えて私的な画像をネット上に流出させてしまっているのです。

確かに、一度流出した画像は、なかなか削除できないことは事実です。しかし、本人や家族がやれるべき手段は残されています。

ネット上で拡散した画像は、拡散したものをさらに掲載して拡散する者にも民事と同時に刑事責任が及びます。

それは、「無断使用」だからです。

その闘い方は、「肖像権侵害」「人格権侵害」「プライバシー侵害」「個人情報保護法違反」「名誉棄損」です。このように、いくつもの人権を守る法律があり、堂々と損害賠償請求を行い、民事と同時に刑事事件として訴えれば良いのです。相手は、懲役又は罰金及び損害賠償責任を負います。「泣き寝入り」せず、訴えを起こすことによって、陰湿で悲惨な犯罪を身を以て減らす手立てとなるでしょう。

日本国憲法の条文には、「……何人も他人の人格を傷つけてはならない」とあるように、人格を傷つけることは、すべて法律に違反する犯罪なのです。

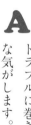

そして、拡散された写真や動画が猥褻物に該当すれば、「わいせつ物陳列罪」に相当します。児童が対象であれば、「児童ポルノ公然陳列罪」になります。

＊4　二〇一四（平成二六）年一一月には、「リベンジポルノ防止法（私事性的画像記録の提供等による被害の防止に関する法律）」が制定され、他人に見せられないようなプライベート写真や動画は、その対象となりました。

06 被害にあった子どもたちの戦い方

Q いじめが発生していても、実際には、子どもはなかなか本当のことを話してくれません。また、ネット上でトラブルになり被害に遭った子どもはどうすれば良いのでしょうか？　また、誰かに相談をしたいのですが、どこの相談窓口[＊5]に行けば良いのでしょうか？

A トラブルに巻き込まれた子どもたちの共通点は、親に相談しない、できない、ことにあるような気がします。

子どもたちにしてみれば、「親に心配を掛けたくない」という気持ちもあるようですが、実際に親に悩みを相談すれば、「……先生に相談しなさい」が圧倒的なようです。

子どもが先生に直接相談できなければ、親が担任の先生に相談したりしますが、残念ながら、先生自身も子どもたちのいじめに気づいていながらいじめる子どもの歪んだ心性を修復する自信がないのです。ですから先生も具体的な解決策を持ちあわせていません。教育委員会などは、この間の子どもたちをめぐる深刻ないじめ問題で、さまざまな角度から取り組んでみようという情熱を持っている人たちも多いのでしょうが、いじめによる自殺問題を見ていると、そうした深刻な領域に積極的に関わろうとする熱意もあまりなく、事務官的なおざなりな態度に終始しているため、それ程期待できないと思います。

そのため、子どもたちは仲の良い友達にも話せないまま、「誰に話しても無駄」と、諦めてしまうのです。結局、堂々巡りのまま放置されてしまいます。

ご質問のように、「どこに相談に行けば良いのでしょう」という相談も多いのですが、わが子が抱えている深刻な問題であるにもかかわらず、どうしたら良いか考えようともしないで、ただ手をこまねいている親が多いのです。

「トラブルが発生しても、子どもが本当のことを言わない」と言いますが、実際に子どもが本当のことを伝えたら、どう対処できるのでしょうか。

問題は、「本当のことを言わない」のではなく、「本当のことが言えない」のではないでしょうか?

このように、子どもたちは孤立無援のまま誰にも相談することができないので、戦う道がありません。親や先生たちが守ってやらなければ、どうすることもできない状況に陥っていると思います。

ここでは、戦い方を説明する前の段階として、親や先生たち自らが学ばなければなりません。本当のことを先生に気軽に相談できないと感じてしまう親の状況を考えますと、たとえ先生に相談にのってもらっても、子どもがいじめに遭っているとわかっていても、答えを出せない親の状況から見直さなければならないのです。

賛否両論があるかも知れませんが、私の持論は、いじめに対して、親が真剣に関わることしか現状を打破して解決へ向かう道はないように思えるのです。

子どものことで親が介入することは良くないという風潮もありますが、自分の子どもを親が自ら守るという意志がなくてどうするのでしょうか？

いじめる側の共通点には、誰も介入してこないという安心感があるのです。誰かが介入するようになれば、いじめる側に警戒心を与えることができます。

学校に出向き、直接いじめている本人と話すことも必要になります。子どもにしてみれば、親に言いつけたため、後で復讐されるかもしれないと考えがちですが、親はいじめる子どもやその親に対して復讐させないくらいの覚悟と信念も必要です。たとえ復讐されてやられたとしても、今一度戦うくらいの気概が必要です。

親は、生きている限り、子ども側に立ち続ける必要があるでしょう。

ネット上のトラブルも本質的には同じことです。親子がしっかりと理解しあえば、すべて解決できる問題です。大人もネット上のトラブルに巻き込まれて困っているように、子どもたちだけで解決できるわけがありません。ですから、そのトラブルを共有して、一緒に学んで解決する必要があります。

＊5――ネット・トラブルに関する相談窓口がQ53に付録として掲載しています。ご参照願います。

07 ブログ炎上、助けてほしい

Q 「炎上」というものは、不謹慎な発言や、傲慢な言動、他人に対して卑劣な言動で放言した場合や、賛否両論ある社会的な問題を一方的に否定した場合に起こる現象だと解釈していました。何も悪いことをした覚えがないのですが、私のブログが炎上してしまいました。どうしてこうなるのでしょう……。どうしたら良いのでしょう……。とても困っています。

A 炎上《えんじょう》は、何もなければ起こらないのですが、ネット上の不謹慎な発言や不祥事の発覚などをきっかけに、非難が殺到する事態、または状況を指します。また、このような状態は、「祭り」とも呼ばれています。

その結果、予想以上の反響とともに、非難、中傷、誹謗、批判、罵倒、悪口などのコメントがネット上のトラックバックに殺到してしまいます。炎上を発生させないためには、ブログのコメント欄、企業のウェブサイトであれば問い合わせフォーム・掲示板といった「炎上が発生しそうな場」を初めから設定しないことです。

例えば、コメント欄などをつくる場合でも、炎上につながるような不謹慎な発言、差別的な言動、他人を陥れるような言動、傲慢な態度や考え方、一方的な価値観の押し付け、喧嘩を売るような内容、他人への中傷など、意見が対立し、先鋭化しやすくなる発言をしないことです。

ご質問にあります「何も悪いことをした覚えがない」という場合でも、ネット上での不謹慎な言動を認めたような発言をした場合や、すでに炎上を起こしている当事者本人に好意的な発言をした場合に、その人を関係者の一員だと見なして、直接的に関係なくとも関連付けられて炎上を起こす場合もあるからです。

では、炎上が発生してしまった場合は、どうしたら良いのでしょう。まず、自分に何かしらの非があるはずです。身に覚えがない場合もあり得ますが、何かしらの原因が、そこにはあるはずです。原因を調べて非を認める必要があります。

非を認める場合は、すぐさま誠意を持って謝るコメントを公表するのが良いと思います。言い訳や文句を言わないで、謝罪する以外にありません。ただし、それが脅迫・中傷などへ発展するようであれば、毅然とした態度で警察に相談し、法的な処置を行えば良いのです。

非を認めたくない場合もあるでしょう。その場合は断固として批判に対して反論を続けるか、無視し続けるしかありません。私の友人は、身に覚えのない炎上に対して、断固たる姿勢で闘い続けていましたが、最終的には仕事もできなくなり、疲れ果て、そのブログを閉鎖してしまいました。

個人のブログであれば、炎上後も更新することによって、火種となった記事が閲覧されにくくなり、そのまま終息する場合もあるようですが、私の友人のように、サイトやブログを閉鎖してしまうという方法もあります。

08 私の写真が知らない人たちの所に出回っている

Q ブログやフェイスブックに載せていた写真（肖像写真）を、私がまったく知らないところで勝手に使用　されていました。どうしたら良いのでしょうか？　また、私のフェイスブックに友だちとの集合写真を載せたところ、その中の一人から止めてほしいとクレームがつきました。このような場合どうしたら良いでしょうか？

A もし、あなたの写真が知らないところで使用されたら、あなたはどう思うでしょう？　気にならない人もいるでしょうが、掲載されている場所や内容によっては、ほとんどの人が嫌な思いをするでしょう。中には傷つく人もいるでしょう。

肖像写真の使用の難しさは、撮影された本人の人格を扱う点にあります。それがたとえ了承を得たものだとしても、「撮影だけの了承」の場合、「ブログやホームページ等でアップ」する場合、「広報物（印刷物）として使用」する場合、など多様なケースがあります。

プライベートな場合では、ほとんどの人が了承しますが、何らかのネット媒体で使用する場合は了承の意味が変わります。個人的な使用と異なり、不特定多数の人たちが目にするものがネット媒体であり、事前の使用許諾が必要となります。

ですから、ブログやホームページに利用する（将来利用するかもしれない場合も含む）時は、そのことも含めた確認が必要になります。

その確認をしないで利用すれば、「肖像権侵害」又は「著作権侵害」となります。

ご質問のケースのように、本人の許可なく、しかも本人の知らないところで肖像写真が使用されているとなれば、撮影した人には「著作権」「著作者人格権」がありますが、撮影された人には「肖像権」があり、場合によっては「名誉棄損」で告訴することができますので、被害者は訴えを起こし、すみやかに削除命令、名誉毀損で損害賠償の請求ができます。

また、友だちとの集合写真ですが、全員が了承のない掲載は認められません。撮影したときに、フェイスブックに載せたいという了承をその場で取れていれば、このような問題はないと考えられます。但し、その中の人が一人でも載せるのを止めて欲しいと言われたら掲載できないと思います。

09 フェイスブックの落とし穴に気をつけろ！

Q フェイスブックの安全性を教えてください。個人情報やプライベートな問題などはどう保護されているのでしょうか？　最近の子どもたちは、LINEだけでなくフェイスブックでも楽しんでいるようです。

A フェイスブックは安全なのでしょうか？
多くの人たちがフェイスブックに夢中になっています。

夢中になっている人の話を聞くと、口を揃えて「楽しい」「面白い」「友だちが増えた」「何でも相談できる」「あなたも仲間になりなさいよ」と言います。

しかし、フェイスブックでのトラブルも続出しています。

それは、個人情報が公表されていること、同じ趣味、嗜好、思想（考え）、その他、共通の情報が登録されるため、その情報をもとに会社を解雇されてしまったり、他人から反感を買ってしまったり、喧嘩や別離や離婚にまでも発展する場合があるからです。

フェイスブックにおける「友達情報」は、友だちが自分でプログラムをインストールしなくても、ユーザＩＤ、名前、性別、誕生日、自己紹介、現在地、出身地、プロフィール専用ＵＲＬ、顔写真ＵＲＬ、出身校、最終学歴、勤務経験、アフィリエーションなどの個人情報を公表することになります。

最近ではフェイスブックで知り合った女子高校生が殺人事件の犠牲者にまで発展した事件があるように、ネットストーカーにとっては格好の標的となる恐れがあります。問題はフェイスブックの不完全なセキュリティにあり、なりすましなども容易にできてしまうことです。それにしても、個人の情報を公開してしまうと恐ろしいトラブルに巻き込まれる可能性があります。

さらにサイバー犯罪につながる恐れもあります。

フェイスブックやＳＮＳに投稿することで個人情報が公開されてしまうことはおわかりだと思いますが、さらに注意しなければならないことは、「サイバー犯罪」です。これは、なりすまして投稿し、相手の個人情報を盗み、悪用する犯罪行為のことをいいます。

最近のアメリカの事件では、最大八七〇〇万人のユーザデータが不正使用され、アメリカ全土を巻き込んだスキャンダル事件がありました。このように友達から友達へと拡散し広がる面白さと同時に個人情報も拡散しているからです。

フェイスブックの利用者は世界中で一〇億人以上と推定され、一日に約三億枚から五億枚以上の写真画像がアップロードされ、「いいね！」ボタンをクリックする回数は、一日三〇億件以上だといわれています。

フェイスブックが他のSNS（ソーシャル・ネットワーキング・サービス）と大きく違うのが「実名登録」で行うことです。この「実名登録」が、利用する者同士に共感と安心感を与えているようです。

今では友人間は当たり前で、友だち探し、新しい人脈づくり、社内・社外での人脈交流、広告宣伝、就職活動などでも利用されています。それだけ信頼性が高いのかもしれません。

フェイスブックは様々な利用方法があります。フェイスブックを利用すると、お互いの友達の情報がわかります。フェイスブックで友達となった友人をたどると懐かしい人たちに出会うことができます。先輩や後輩、彼ら、彼女らが現在何をしているのか、どこにいるのか、どのような仕事をしているのか、どのような家庭を持っているのか、現在の友達の写真や子どもや孫の写真で、今ではまったく会う機会がなくとも繋がりを持ち続ける事ができます。

また、ただ知るだけでなくメッセージや「いいね！」ボタンで交流が可能となります。そして、普段出合うことのない人たちとも友達を通して繋がることができます。さらに企業などもホームページやブログだけでなく、ビジネス面でフェイスブックを取り入れ、友達感覚で宣伝活動を行うようになりました。

このように、フェイスブックは拡大し続けていますが、このような「個人情報の落とし穴」に関しての危険性（恐怖心）を感じている人はほとんど見当たらないのが実状ともいえます。

登録がニックネームやハンドルネームであれば、信頼性が乏しくなるのでしょうが、実名登録ということで、使用者は安心するのでしょう。しかし、現実はトラブルだらけです。ストーカー行為が続出し、友だち間の会話で双方が傷つくケースが増えています。また、知らない人からのしつこい連絡（これはフェイスブックに限りません。他のネットでも沢山あります）があったり、争い事が表に出てしまったりしています。

さらにフェイスブックには、「タイムライン」という地図機能があり、訪れた場所が特定できるようになり、写真やつぶやきだけで場所が表示されてしまうことです。[*6]「ネット上のストーカー行為」は残念ながら取り締まる法律がありません。自らが進んで個人情報等を公開してしまっているのですから。防ぐ方法は個人情報を公開する行為を止める事です（公開範囲を狭くする）。何もすべての人に自分の個人情報を公開する必要はないのですから。

ストーカーというと「相手を不快にさせるつきまとい」のことですが、「ネットストーカー」はネット上でのつきまとい、監視行為、誹謗中傷、悪い噂、批判、個人情報等のプライバシーの暴露、画像や肖像写真等の拡散、ウイルス感染、データ破損などを行います。

しかし、勝手に写真を利用されれば「著作権侵害行為」「肖像権侵害行為」「プライバシーの侵害」「名誉棄損」として訴えることができるものです。

＊6　この位置情報は、知らない第三者でも閲覧が可能となっている場合、危険が付きまとう恐れがあります。また、その位置情報が悪用される場合もあり、登録している位置情報の「プライバシー設定」の変更をして、閲覧できる人を制限する必要があります。

スマートフォンで撮影した写真をそのままフェイスブックに載せる場合、どの設定も初めは「公開」となっているため、一瞬で世界中に公開されてしまいます。つまり一〇億人以上の世界の人が閲覧可能状態となります。

宣伝目的、売名目的の場合はある程度の効果があると思いますが、個人であってもプライベート感覚のまま勝手に公開されてしまいますから、「公開」した場合、「友だちのみ」「招待のみ」と閲覧を制限する設定をする必要があります。

10 SNS投稿は危険だらけ

Q SNSって何ですか？　フェイスブックとブログの違いは何ですか？　それぞれの特性があると思いますが、説明してください。また、SNSへの投稿にも危険があるのでしょうか？　あるとしたら、何に気をつければ良いのでしょうか？

A エス・エヌ・エス【SNS】〔social networking service〕（ソーシャルネットワーキングサービス）とは、個人間のコミュニケーションを促進し、社会的ネットワークの構築を支援する、インターネットを利用したサービスのことです。趣味、職業、居住地域などを同じくする個人同士のコミュニティを容易に構築できる場を提供しています。

「毎日Facebookに投稿しているのに、ビジネスとしては効果がありません……」「お客さんも増えません……」という声を耳にします。

フェイスブックは、ホーページやブログと違い、誰でも簡単に発信できるツールの一つですが、それぞれに用途があります。

SNSは、「人と人をつなぐコミュニケーションを楽しむサービス」です。ブログ（日記・記録）のような個人発信ではなく、会話に近いコミュニケーションをするものです。ブログの場合は、コンテンツ（情報）は保存されますが、SNS情報の場合は、やがて消えていくものです。これが大きな違いです。

ブログとは、ウエブログ（Web Log）の略です。まず、ブログはストック型のメディアであり、主なSNSはフロー型メディアです。主なSNSはフロー型と呼ばれ、投稿した記事は、時間の経過と共に姿を消していきます（但し、一瞬の拡散力が強力です）。

「ストック型メデイア」とは情報が蓄積されるもので、過去の情報などがアクセスしやすいという特徴のあるものです。これは、Webサイトやブログがその代表例です。インターネット等で検索し必要な情報を見つけたいときに役立つもので、興味のあるブログなどを見つけた場合、過去にさかのぼってその記事を読むことができます、

ブログとは、情報発信ありきのメディアで、通常のウェブサイトと同様、「発信」の色が濃く、情報量も多い性質があります。それが、ブログとSNSの大きな違いです。

「フロー型メデイア」は現在起きていることを中心として、拡散しやすいメディアのことをいい、フェイスブック、ツィッター、ライン、インスタグラムなどのメデイアのことをいいます。

フェイスブックやツィッターのようなフロー型メディアは、情報の拡散や、顧客、見込み客とのコ

ミュニケーションに使うべきで、たくさん投稿したところで、そのメディアの特性を活かすことはできません。ですから、プライベートで利用する場合と、事業で利用する場合は分けて考える必要があるでしょう。事業などでの営業活動は、あくまでも会話に近いコミュニケーションでなければあまり意味をなさないかもしれません。

「SNSの投稿」には様々なトラブルがあります。例えば、「友人の結婚式の写真を投稿」「近所の子どもたちの写真を投稿」「子どもの入浴写真の投稿」「本人に身に覚えのないなりすまし投稿」「写真とともに個人名などが記載された投稿」などがあります。

さらに、投稿で最大限に注意しなければならないことは、他人の情報「実名」「子どもの写真や名前」「他人が写っている写真」「自分の背後に写る情報」「記念写真でのVサインによる指紋」「自分の家、他人の家」「位置情報のわかる写真」「クレジットカード関係」「拡大すると詳細がわかってしまうプライバシー写真」「住所や電話番号」「いたずら写真」「悪ふざけ写真」「政治や宗教、思想等への批評、コメント」「誹謗中傷」、その他「プライバシーに関わるすべてのもの」などからトラブルが起こります。

余談ですが、米軍がスマートフォンで撮影された写真の位置情報で攻撃された事件がありました。

11 SNSの危険なトラブル

非営利の場合（儲けや収益がない場合）

Q 私は儲けのために公開しているのではありませんし、営利を目的としていない非営利活動です。フェイスブックやSNSの投稿を利用して、素敵な詩があったので無料で紹介したり、歌詞が良いので多くの人にお知らせしています。そうすればCD会社だってそれが利益になるはずです。あくまでも善意で、投稿しているのですが、誰からもクレームが来ていません。また、あくまでも自分の感想をブログやフェイスブックに掲載しているだけなので、何も問題はないと思うのですが、私のこうした反論や発言の問題点についてお尋ねしたいのですが。

A ブログやフェイスブック、SNSなどは、「私的な利用」として使用しているものなのに、どうしてクレームがつくのかわからないという人が多くいます。

これはまったくの誤りで、「私的利用の範囲」というのは、家族の間（家庭内）や友人関係といった数人（一〇人以下）のことで、個人間のメールやラインなどは私的利用の範囲といえますが、個人のホームページ、ブログやフェイスブックであっても不特定多数の人が閲覧できる状態のものはすべて私的利用の範囲を超えているものです。

また、「営利を目的」「非営利が目的」のどちらであっても、他者が作ったものを不特定多数者に公表する場合はすべて無断で使用することはできません。

なぜかというと、ホームページ、ブログ、フェイスブック、SNSにはそれを創作した人に著作権が発生しているからです。

著作権は、会話であっても、詩や歌、俳句や短歌の短い文であっても発生しているものですから、それを無断で使用することは著作権侵害になります。

自分がスマホで撮影した写真、他人から送ってもらったデジカメ写真などにも撮影した人に著作権があります。

もちろん、他人の容姿を撮影すれば肖像権が発生し、「著作者」と「肖像者」双方の許諾を得なければ違法行為になります。

ですから、ここでいう「善意」とは「許可を取っているかどうか」というのが権利を持つ第三者に対する配慮のことであって、それがなければ「悪意」になります。実際に「そのような法律があるのは知らなかった」と言っても、訴えられれば同じ加害者として扱われてしまいます。

また、ブログやフェイスブックなどで、「美味しいお店として紹介」している人も多いようですが、商業施設（お店等）で扱われている分野でも「店舗の写真」「店内の写真」「料理の写真」などには様々な権利があり、お店のためだという勝手な解釈は成り立ちませんし、承諾のないものはすべて違法行為となります。また、勝手な感想としてこのお店は美味しかったが、あそこのお店は不味かったという感想は営業妨害になります。

つまり、他人の名誉を傷つけてはならないのです。[*7]

*7 「名誉毀損」刑法二三〇条一項「公然と事実を摘示し、人の名誉を毀損した者は、その事実の有無にかかわらず三年以下の懲役若しくは禁錮又は五〇万円以下の罰金に処する」としています。「名誉毀損」とは、他人を著しく傷つける行為のことをいい、「公然」とは、不特定多数の多くの人に知れるという意味です。また、事実に関係なく単なる噂を流した場合、人を傷つけた場合なども該当します。

12

つぶやき一つで争いが生まれる！

Q ツィッターやフェイスブックで発言したら、多くの人からクレームがついて困っています。いつのまにか被害者になりました。しかし、先輩に相談したら、きっかけを作った「お前が加害者だ！」と言われてしまいました。でも、私には悪意はありません。他の人の発言に間違いがあるので、それを指摘しただけなのです。何も悪いことはしていません。なぜ、私が悪者になるのでしょうか？

A 知らぬまに加害者となる、悪意はないのに悪者になってしまう、というケースが多くなっています。ブログやツィッター、フェイスブックなどを小学生たちも利用している現在、知らぬまに、被害者や加害者になる恐れがあります。それはお互いが相手のことを知らないため、大人なのか子どもなのか、悪意があるのかないのかもわかりません。ですから、他人の誤りを指摘しただけでも「言い方」によっては他人を傷つけてしまう場合もあります。

ツィッター、フェイスブックなどは、詳しい説明などなく、ほとんどが日常会話に近い短文の通信ですが、本人が意図していなくても、逆に誤解を招く場合もあります。

内容には、仕事のこと、学校のこと、友だちのこと、家族のことなど、様々な書き込みがありますが、あまり親しくなく、信頼関係ができていない人も参加しているわけですから、誤解は簡単に生まれる可能性もあるのです。

ですから、通常の会話とは違い、会話が文章になることにより、受け取り方が人によって違う場合があります。文章メッセージは、常に複数の人たちが閲覧しているわけですから配慮が必要になります。言葉づかいを知らない子どもや若者などは誤解を招く恐れがあります。「表現のルール」[*8]を教えてくれるところではありませんので、最低限度のマナーが必要になります。

メールを使っている時の言葉遣いなどは、第三者から顰蹙《ひんしゅく》を買う場合もあるからです。高圧的な言葉、威圧的な言葉、激しく相手を罵るような言葉、批判的な言葉、挑発的な言葉などは炎上の対象となります。

＊8
ネット上で個人が情報発信する場合であっても、軽率な発言は「名誉棄損」の対象となり刑罰に値します。ネット上は「書き込む人」と「書き込まれる人」がいるわけですから、「他人に関する書き込み」には充分な配慮が必要になります。これらは「名誉棄損」「侮辱罪」「信用棄損」「業務妨害罪」「プライバシー侵害」「個人情報侵害」「著作権侵害」「人格権侵害」「肖像権侵害」とさまざまな危険が存在しています。だからといって恐れる必要はありません。「表現のルール」に注意し、配慮の意識を以て使用すれば、すべて常識の範囲内で解消される問題です。

13 ネット上の親も危険にさらされている

Q ネット上で多くの子どもたちがトラブルに遭っているようですが、どのように対処していけば良いのでしょうか？　子どもたちにも責任があると思いますが、そのまま放置しているスマホ販売会社や学校にも責任があるように思います。実例で教えてもらいたい。

A ケータイのことで話し合っている家族はどのくらいいるのでしょうか？　実際にはほとんどないといえるでしょう。また、話し合いをしても親の方に知識や経験がないかもしれません。

子どもたちに反論されてしまったら、細かなことでのアドバイスもできないのが親の状況だと思います。大人や親自身が、ウェブやネット上のマナーや法律のことがよくわからない。それでは具体的に対応することができません。

例えば、中学生の子どもたちが悪ふざけで友だちの裸の写真を撮影して、ＳＮＳに投稿した場合、法的には「刑事責任」「民事責任」の二つの責任[*9]が考えられます。

その写真が猥褻なものであれば、「猥褻物陳列罪」となります。児童の猥褻画像であれば「児童ポルノ禁止法違反」となります。

これが大人同士の場合は、被害者が精神的な損害を被るため、「損害賠償責任」を負います。

小学校を卒業した一三歳以上の年齢であれば、責任能力があるとみなされ、大人と同じ「損害賠償責任」「不法行為責任」を負います。

では、親の責任はどうなのでしょうか？

当然、子どもたちには生活力（収入）がありませんから実質の責任を負えません。そのため、親は民法上、子どもの監督義務者として、損害賠償責任、不法行為責任を負わねばなりません。したがって、子どもたちが起こしたトラブルは親が責任を負うことになります。

学校関係などの教育機関やスマホを販売している業者にも道義的な責任があると思いますが、問題はそのスマホを所有している利用者に責任があります。ですから、学校や教育関係、行政等の教育委員会は、このようなトラブルを未然に防ぐために啓蒙する必要があります。

＊9

「刑事責任」とは、刑罰を受ける法律で、民事のような対等な私人関係ではなく、「国家対個人の責任問題」として、警察が前面に出てきます。刑罰は法律で厳格に定められており、逮捕に結びつくものです。「民事責任」は、他人の権利あるいは利益を違法に侵害した者が負う私法上の責任となり、裁判で制裁が決定されるものです。

14 親は子どもの犯罪を知らなくとも同罪となる

Q トラブルが起きても、子どもはそのことを教えてくれません。被害者なのか、加害者なのかそれも心配です。だからといって、子どもからスマホを取り上げる訳にもいきません。子どもが犯罪だと知らなかったとしても、親に責任はあるのでしょうか？　子どもが犯罪だと思っていなければ、親としてもアドバイスすることもできません。困っています。

A お話の通り、子どもたちには正しい情報や知識がありません。同じように、親にも情報や知識がありません。

これでは何かのトラブルに巻き込まれたときには、何も打つ手がなく困惑してしまいます。最も重要な点は、人の生命にかかわることです。それは、「謝罪」や「損害賠償」だけの問題ではなく、取り返しのつかない事態だからです。

最近問題になっている「ながらスマホ」です。大人たちがスマホをしながら車やバイクの運転をしている事実があります。電車の中でもバスの中でも、歩きながらでもスマホをしています。街中どこでも見かける光景ですが、通行中にぶつかり、大怪我をした人たちもいます。

特に危険なのが車ですが、自転車も危険です。自動車の場合は、「自賠責保険」という強制加入の保険と、民間の任意保険があるため保険で補てんできますが、自転車の場合、ほとんどの人が保険には入っておりません。そのため、自転車での死亡事故などは損害賠償の責任負担が大きくなります。

また、子どもたちは自動車の運転免許が取れませんから、自転車に乗る場合が多く、「ながらスマホ」による死亡事故や歩行者に衝突し転倒させて、大怪我を負わせてしまうケースなども多くなってきました。

その場合、親が損害賠償責任者となり、一億円近い損害賠償責任が裁判で認められたケースもあります。自転車も保険制度がありますので、加入する必要があります。加害者が事故の結果責任を負えない場合、被害者はどうすることもできないからです。

また、ネット上の書き込みが原因で子ども同士が喧嘩になり、相手を誤って死亡させてしまった場合、子どもであっても民事的には「不法行為に基づく損害賠償の負担」を、親の責任として負わなければなりません。

子どもが中学三年生以上であれば、責任能力があるとみなされ、親の監督責任の過失として、損害賠償責任を負うことになります。

責任能力のない子どもが起こした問題は、すべて親の責任となるでしょう。

ここで最も大切なことは、保険加入以前の問題として、歩きスマホ等の事故だけでなく、スマホを扱う場合の配慮や注意点を親が自ら学ぶ必要があります。大きなトラブルにならないように防ぐために、ＳＮＳやフェイスブック、ツィッター、ＬＩＮＥやホームページ、ブログ等のネット媒体には様々な危険があることを知って、機会をつくって家族でいろいろな事故の具体例を調べて話し合ってみることが大切です。

第2章

事件に巻き込まれる子どもたち

スマホ世界を生きる子どもたち

いじめって、得体の知れない怪物ですね。

人間の心の内に棲む暗闇から生まれ出る劣等感、妬み、恨み、嫉み、憎しみ、不平、不満、自己肯定感の喪失からいじめは育っていきます。

いじめという怪物は、様々に形を変えて登場してきました。時代の変化とともに、「アナログ」から「デジタル」に変容して襲いかかってきます。

ケータイ、スマートフォンと変化し、無料で利用できるＬＩＮＥやフェイスブックの登場により、誰もが簡単に情報を受け取り、自由に発信できる時代になりました。

便利さが売り物で、犯罪抑止、子どもやお年寄りの見守り役としても活躍し、緊急時の連絡など利便性が売り物となっている反面、危険は増々大きくなり、社会問題へと発展しています。

誰もが異様な光景を目にします。

多くの人がケータイやスマートフォンを利用しているのがわかります。電車の中、駅の階段、エスカレーター、待合室、喫茶店、学校、図書館と、ありとあらゆる場所で利用しています。車の運転中はもちろん、自転車、オートバイ（すべて交通違反）、そして、歩きながら利用しています。

最近では、スマホを手にした通行人同士がぶつかったり、転んだりの事故も増えています。若いお母さんが、幼い子どもから目を離して、夢中でメールしている姿などもよく見かけます。

親たちがこのようなお手本を示しているのですから、子どもたちからスマホを取り上げることなど不可能です。

もし今、子どもたちからケータイやスマホを取り上げたら、一体どうなるのでしょうか？　おそらく従来のテレビ、ラジオ、新聞・雑誌の情報が中心となり、子どもたち独自の情報源はほとんどなくなるかわりに、友だちとの関わりは濃密になっていくでしょう。逆にスマホの使用を認められた多くの子どもたちは、孤独感を味わい、一時的に精神的閉塞感による不安障害を起こす恐れすらあります。人との繋がりに、「スマホがなければ生きられない時代」になったというほど大袈裟な表現ではないのですが、そうした事態を肯定的に受け止めて積極的に受容しようとするかどうかが問題です。もちろん新しい時代に適応しなければ生きていけませんから、否応なくスマホ社会に馴染むしかないのですが、スマホは単なるコミュニケーションツールであって、豊かなコミュニケーションを作り出すわけではありません。

スマホが子どもたちの世界で使われることによって、誰もが簡単に、綺麗で鮮明な写真や画像を作成できるようになり、顔も知らない者同士が友だちとしてコミュニケーションできるようになり、信頼関係を作ることによって交遊関係は飛躍的に広がりました。

実際に会って話ができるわけではないけれども、スマホを通してできた交遊関係の世界では自由に自分を表現できる、相手に伝えることができる、素晴らしい世界なのです。

スマホによって交遊関係が広がったすばらしい世界でも、そこで注意しなければならないことは、トラブルや犯罪に結び付く恐れがあること、どんなに便利でも、扱い方を誤れば、人を傷つける凶器に変わるということです。

いじめは、目の前で起こる暴力による傷害以上に陰惨な裏切り、策謀、悪口、悪ふざけだけではなく、不注意な言葉や写真や画像の無断転載などを通して、多くの人の心に傷を負わせます。様々なネット世界のトラブルによって現実に追い詰められて自殺者まで出ているのですから、一歩踏みはずすとことんでもない事態に遭遇してしまいます。スマホの利便性に振り廻されないように上手に使いこなすことが大切です。

メール依存の子どもたち（スマホ不安症候群）

いつ、誰から連絡が来るかもしれない……。

毎日の学校、仕事、生活において、大切なお守りグッズのスマホ。

もし、出先で忘れ、紛失したら気が狂ったように慌てます。

その中を誰かに見られたら怖いし、様々なプライバシー情報（他人に見られたくないもの）が入っているわけですから、心中穏やかでいられるはずもありません。

たとえ親子であっても、夫婦であっても、恋人同士であっても、他人に心の秘めごとを覗かれる恐怖を感じます。もし、本人の承諾なしでスマホのプライバシー情報を見れば喧嘩になり、離婚にまで発展する可能性があります（実際にそのようなケースがあります）。

スマホの中には膨大なプライバシー情報があるからです。そして、どんな人間関係にも法で保護されている基本的人権としての人格権（名誉）「何人も他人の人格を傷つけてはならない」がそこにあるからです。

子どもたちのケータイ・スマホ料金は毎月六〇〇〇円～数万円ともいわれていますが、その支払は当然親が支払っているものです。

おもちゃだけ与えて、その危険性を教えている親がどのくらいいるでしょうか？　学校ではどうなのでしょうか？

さらに、それを販売している企業の経営者たちはどのような考えがあるのでしょうか？　残念ながら、正しいルールを教えている人はいません。

この手の平サイズの小さな器械が凶器となって、「ネット依存症（中毒）」という病を進行させているのです。

それは、直接相手に会わなくても対話ができるからなのです。たとえば、見知らぬ人に街中で声をかけることはできませんが、ネットの世界では知らない者同士が自由に会話し、出会うことができるのです。

- ネットの世界ではどのようなことでも簡単に調べられる。
- ネットの世界では好きな音楽やゲームができる。
- ネットの世界では多くの人たちとの会話を楽しめる。
- ネットの世界では自分の姿を出さない「なりすまし」もできる。
- ネットの世界では「別人格」になれる。
- ネットの世界では、友だちがいっぱい増えているという錯覚を起こす。
- ネットの世界では信頼関係が生まれ、安心感も育っている。
- ネットの世界では、一人ぼっちではないという喜びに浸れる。

ところが、夢のように楽しい世界でも、メールの返信がないだけで不安に陥ります。

「もしかすると、私は嫌われてしまったのか」

「どうしてすぐに連絡をくれないの」と不安になり、

「どうして無視するの」という受け取り方をし、返事がないと、一晩中、枕もとにケータイを置いたまま、連絡を待ち続ける。

このように不安の塊となります。

これは、禁断症状のひとつかもしれません。

こうして、子どもも大人も自分の居場所を失っていくのです。

深刻なネットいじめの実態

ネットいじめはとても陰湿なものです。

相手を苦しめることによって、歪んだ優越感を味わいます。

相手を侮辱し、罵倒し、人格を傷つけることによって、満足感や充実感を覚えます。いじめる側には罪悪感など存在しません。嬉しさと喜び、達成感があるのです。この歪んだネットいじめの心性は、スマホに象徴されるネット文化の負の遺産といえるのではないでしょうか。具体的な事件と犯罪をとおしてみてみましょう。

❶神戸の高校の男子生徒が下半身の写真や、強引に開脚させた様子を撮影した動画をホームページに掲載。もちろんケータイやネット、スマホでも閲覧できます。これも屈辱を与え、優越感に浸る酷い事件のひとつです。

高校三年生の男子生徒は同級生の少年から現金を要求されていた恐喝未遂事件として兵庫県警は少年らを逮捕した。男子生徒は学校内で飛び降り自殺してしまった(二〇一七年九月一九日)。パソコンからのメールや携帯電話が逮捕の証拠となった。未成年であっても逮捕は当然だが、悪質な恐喝とネットいじめです。

❷山梨県の女子高校生が、自ら開設したブログに中傷を書き込まれるというネットいじめを受けて、自殺未遂。

高校二年生の女子生徒が「ブログの中傷いじめ」に遭い自殺未遂。自分のブログに女子生徒の性格を中心とした書き込みを書かれ、精神安定剤を大量に服用して自殺を図った。その間、友人たちに助けを求めていたが、結局具体的に対処できないままいじめが続けられていた。その後学校には行けなくなった（二〇〇六年一〇月六日）。いじめた相手は罰せられず、平然としていて反省の欠片《かけら》もない。「名誉棄損」で相手を告訴してほしい。

❸福岡県の小学四年生が、「下校中の四年生を殺す」とネット掲示板に書き込みました（補導される）。掲示板では、書き込みした者が大人なのか、子どもなのか、どんな人物なのかわからないという恐怖を与えます。秋葉原無差別殺傷事件もなりすましの書き込みが直接の原因でした。

二〇〇八年二月、インターネット掲示板「2ちゃんねる」に「千葉の女子小学生を二月一五日一五時に殺しちゃいます」という殺害予告を書き込み、市内小学校の三校の授業が中止となった。無職男性（二三歳）は逮捕され、この事件が契機となってネット上での殺害予告が増えたという。

二〇〇八年三月、福岡県の小学六年生の男児が、「2ちゃんねる」に、「三月三日（月）に福岡県内の小学生を殺してみる」というタイトルを書き込みし、七日に児童相談所に通告された。児童は「千葉で書き込みして補導されたニュースを見て世間の注目を集めたくてやった」と言っている。

同じく三月五日に、千葉県の小学四年生の女児が、動画投稿サイト「ニコニコ動画」のコメント覧に「埼玉県の小学生の女児を二月二九日一三時に殺します」と書き込みし、三月七日に補導された。補導された女児は「軽いいたずらのつもりで面白半分でやった」と話したそうです。

三月五日、福島県の一八歳の少年が「2ちゃんねる」に携帯電話から「福島県の小学生殺してみる」というタイトルを書き込みし、七日に補導。少年は、「進学先が決まったが、やっていけるのかという不安から、他県をまねた」と言う。

このようにネット上では相手の素性や年齢がわからないため不安になり、それを楽しむかのように子どもでも簡単に操作（書き込み）できてしまいます。

❹山口県の中学生が、下半身露出写真の動画と画像をＬＩＮＥで流されました。

二〇一四年六月、中学二年生の男子生徒は部活動の練習後に上級生から「ズボンを脱いでこっちに来い」と脅かされ、下半身を露出した状態で歩かされている様子を動画で撮影し、ＬＩＮＥに掲載して八人が閲覧した。

今の携帯スマホはほとんどカメラや動画機能付きのため、瞬時に撮影できます。言葉や暴力などよりも、精神的な屈辱感やダメージを自分の手を汚さずに簡単にできるため、ネットいじめは画像や動画が利用されてきました。いじめた相手の人格を傷つける訳ですからすぐさま「名誉毀損」で訴えるべき事件であり犯罪です。今や、ＬＩＮＥ上の動画や写真はいじめの宝庫となった感がします。まさにスマホ文化の負の遺産と言っていいでしょう。

❺ある男子中学生にLINEを無視されたと腹を立て、女子中学生を拉致監禁する。

中学一年生の女子生徒が拉致監禁されました。その理由は、一八歳の少年ら三人はある知人男性にLINEを送った後に「既読」になったにもかかわらず返信がないことに腹を立て、その男性と交際していた一二歳の中学一年生を一八歳の少年ら三人は監禁しました。

少女に対して「彼氏を拉致っているから、一人で来い」とラインで呼び出し、「自分たちはヤクザの知り合いだ」と言って脅かして拉致したのです。少女は一九時間後に隙を見て逃げる事ができました（その後、少年らは「監禁罪」で逮捕。三ヵ月以上七年以下の懲役）。

❻長崎県の中学三年生男子が、いじめを苦にラインに自殺予告して亡くなった。

二〇一四年一月七日、男子生徒はいじめを受け続け亡くなる前にいじめ被害を作文に書いて提出していたにもかかわらず教師らは気づかなかったといいます。二〇一三年に同級生から「キモい」「出しゃばっている」「死ね」といった悪口を言われ続けました。一〇月に男子生徒は首をつるひもを用意し、ラインに記録を残しました。「みんなに嫌われ、生きている価値がないので死ぬことを考えている」と投稿するようになり、一月に「次会うときは死んでからだよ」とラインに書き込み、自殺しました。この事件によって学校側はアンケートにより生徒のいじめ調査を行ったが「いじめはなかった」と報告。しかし、遺族側の強い要望により再アンケートを行いやり直したところ、「いじめがあった」という結果がでました。男子生徒が自殺してから四か月後のことでした。

❼栃木県では、二〇代女性の裸の画像を本人に送り、その写真を使って恐喝し現金を奪った。

二〇一四年四月、ＬＩＮＥを使ってある女性に自分の裸の画像を送らせ、その写真を使って恐喝し現金を奪う悪質な事件でした。脅かした男性は「出会い系サイト」を通じてその女性と知り合い、ＬＩＮＥでやり取りし、女性は男性の要求に応じて自分の裸の画像を送ったのです。このような軽率だと思われることが、後を絶たないのはどうしてなのでしょうか。

❽栃木県の中学三年生の女の子が、ＬＩＮＥを通じて知り合った男性から、みだらな行為を強要され恐喝される。

二〇一四年四月、犯罪被害に遭う女性が後を絶たないネットの掲示板から、舞台はフェイスブックやＬＩＮＥ、ツィッター、ミクシィなど新たな手段へと広がり続けています。確かに利便性は高いが、顔の知らない者同士が交遊を持つと、女性は簡単に信じてしまう。文字やことばの世界の虚偽や怖さを感じるのは私だけなのでしょうか？

中学三年生のこの女子は、無料通信アプリＬＩＮＥを通じて知り合った男性と直接会うことになりました。二月二三日に初めて出会い、みだらな行為を強要される。

どうして怖くないのでしょう？　どうして恐ろしいと思わないのでしょう？　これだけ騒がれても同じような事件は続きます。

男は四月一七日に略式起訴され、罰金三〇万円でしたが、そんなもので良いのでしょうか？　両親は何を考えているのでしょう？　この手の事件は、家族の問題でもあるのです。娘の命にかかわるような場合はどうするのでしょうか。

❾慶大生が交際相手の女性に、LINEで「死ねよ！」と強要し自殺させる。

二〇一四年二月二四日、元交際相手の同級生に七回にわたり「死んでくれ」とLINEで送り、自殺をそそのかした。男子学生は「もうお前つまんないしお願いだから死んでくれ」「生きている価値がないよ」「なんで早く飛び降りないの？」「八階から飛び降りれば死ねるじゃん」と具体的な方法をLINEで伝えていました。もともと自殺した女性は自殺願望があり、ツィッター上で自らの手首をリストカットしたとみられる画像や大量の向精神病薬の画像を投稿したり、精神的に不安定だったようです。もともと自殺願望のある人を自殺させた場合は「自殺幇助《ほうじょ》」罪にあたる恐れがあり、現在のところ処分保留となったそうです。結論はわかりませんが、「言葉による暴力」によって人が死に至る可能性もあり、若い人たちの他者に投げつける無責任な言葉には法的な制裁が必要なように思います。

❿女性医師になりすましてわいせつ画像を要求し、ブログに掲載した男性医師。

二〇一四年、女性研修医になりすまし、わいせつ画像のやりとりをしていた男性医師が研修医だった女性のメールに不正アクセスをした疑いで逮捕された。女性医師になりすました男性医師は、事が発覚した場合、女性研修医に疑いがかかるようにした計画的な嫌がらせだったのかもしれません。

また、このような場合もあります。ある大手企業の医療機器販売会社社長であるにもかかわらず、医師になりすまして、インターネット交流サイト「ｍＩＸＩ」を通じて知り合い、友人関係となった女性に対し、結婚相手として得意先の医師を紹介すると持ちかけてメールのやりとりをしていました。そして、自分のブログにその女性のわいせつ画像を六点掲載し、不特定多数の人が閲覧できるようにしていたといいます。被害女性は警察署に相談してその画像は削除されました。

このように、スマホ・ネットいじめ事件を挙げればきりがないほど、日々続いています。

諸外国でも暴行している場面をネット上で流すなど、集団でのいじめが過激化し、残酷さが増しています。そんなにサド・マゾ的に集団暴行いじめ画像を流したいほど自己顕示欲を発散したいなら、毎晩夫婦で強姦いじめの画像を撮影してＬＩＮＥでも何でも流せばと思いますが、どうでしょうか。

海外で起きた二人の女性の悲惨な物語

ここで、二人の女性被害者のお話を紹介します。

カナダ人の女子高生ラティア・パーソンズさんは、二〇一三年四月に一七歳で自ら命を絶ちました。彼女は、二〇一一年に友人たちと参加したパーティーで酔い、同じ場に居合わせた少年四人に強姦され、その時にみだらな写真を撮られて、その画像をメールである人に送られてしまいました。受け取った人がネットに投稿すると、たちまち拡散し、それを見た人たちが、わずか一週間たらずでラティアさんに屈辱的なメッセージを送りつけてきました。さらにそれが脅迫となり、やがて三千通以上のいじめメールとなり、あまりの酷さに、母親が驚いて警察に相談しました。

しかし、相談した警察からは、ネット上に拡散した画像を取り締まる方法がないと言われ、相手にしてもらえませんでした。

その後、学校にも相談してみましたが、学校外だからという理由で取り合ってもらえませんでした。

彼女はそれでも勇気を振り絞り、たった一人で立ち向かう決心をして、「やめてほしい、愚かな行為だ！」とＳＮＳ上で反論し始めました。

しかし、中傷攻撃は収まらず、止むを得ず住まいを移転し、転校しますが、さらに追い打ちをかけられてしまいます。携帯の電話番号とメールのアドレスを変えても、中傷と脅迫メールという執拗ないじめが続きました。この惨劇は一年半以上も続き、十七歳のラティアさんは、自宅の浴槽で自ら命を絶ちました。

その後、ionechat.comという出会い系サイトが、ラティアさんの写真を用いた広告をFacebookに掲載していたことが判明しました。

彼女がこの世を去っても屈辱は続いたのです。いじめの原因となった写真とは異なるようですが、彼女の写真を使用したことが問題となったのです。

ラティアさんの父親は、Facebookに掲載された広告について、「娘はネット上で執拗な嫌がらせをうけ、自殺に追い込まれた。娘の写真が出会い系サイトの広告に使用され、Facebookに掲載されることに、嫌悪感を抱く」（Ouest Franceより）と述べ、怒りをあらわにしました。

ionechat.comの広告問題をうけ、Facebookは、直ちに広告を削除すると同時に、遺族に謝罪したのです。

これがきっかけとなり、カナダ政府では、「ネットいじめは犯罪である」と明記し、専門の撲滅チームを結成し、国を挙げてこの問題に立ち向かい、対策に力をいれるようになりました。

カナダのハーパー首相は、

「ラティアさんの受けた被害は〈いじめ〉という言葉では済まされない」とコメント。

また、ネットいじめ調査班が設置され、

ロジャー・メリック班長は、

「権限を持った調査班ができたことによって、たくさんの通報が寄せられるようになった」と述べました。

残念なことに、ラティアさんが苦しみ続けた一年半、誰ひとりネット上で彼女を庇《かば》い、弁護した人はいませんでした。彼女は深く傷つき、ひとり希望を失いながら死を選んでしまったのです。

もし、拡散された情報に対して、ネット上で誰かが応援し、支えてあげることができたなら、彼女の運命は変わっていたかもしれません。

次は、一五歳の女の子です。

カナダのバンクーバーに住んでいた一五歳の少女アマンダ・トッドさんは、学校とFacebookの両方でいじめを受けていた内容を知らせるために、YouTubeに画像を投稿しました。その一か月後、一六才の誕生日を前にして彼女は、自宅で自殺してしまったのです。

アマンダさんは、何年も続いたいじめの経過を、白黒のマーカーで手描きしたメッセージカードで、淡々と語り続けました。アマンダさんがビデオでつづったメッセージは、彼女がまだ中学一年生の時に起こった一つの出来事でした。

友だちとウェブカメラを使ってチャットするのが楽しみだったアマンダさんは、ネットで知り合った人たちに「きれいだね」「素敵だね」と褒められます。

女の子ですから当然嬉しくなりました。ある時、その中の一人から、「トップレスの姿が見たい」と言われ、単純に受け入れてしまいました。

そして一年後、ある知らない男性がFacebookを通じて、突然、アマンダさんに脅迫メールを送りつけてきました。

その内容は、「もしショーをして見せてくれなかったら、アマンダのトップレス写真をそこら中にばらまくぞ！」というものでした。さらに恐ろしいことに、彼はアマンダさんの住所や学校、友人関係、親戚や家族の名前まで調べていたのです。

アマンダさんは怖くなり、無視し続けていましたが、しばらく経ったクリスマスの日、真夜中にもかかわらず、彼女の家に警察官が訪ねて来ました。その理由は、彼女のトップレス写真が、"everyone"（訳注：みんな／あらゆる人という意味ですが、コミュニティの知人関係と思われます）に送り付けられたという知らせだったのです。

その後、アマンダさんは不安神経症、うつ病、パニック障害を発症し、アルコールや薬物にも手を出すようになってしまいました。極度の不安で、外出もできない有様でした。

そして、ラティアさんと同じように、流出した写真から逃れるように、彼女は違う町に引っ越しをしました。それでも追い打ちをかけるように、同じ男性はFacebookで、アマンダさんのトップレス写真を自分のプロフィールとして使用してしまいます。

それから再び中傷といじめが始まり、アマンダさんは毎晩泣き続け、自傷行為に走ってしまいました。

そして、何の手立てもないまま、悲しみに暮れる生活を送り続けていたアマンダさんに声をかける男性が現れるのです。

転校したばかりのアマンダさんに、やさしく声をかけてくれた唯一の男性でした。

その男性は、彼女がほのかに信頼を寄せていた人でした。しかし、アマンダさんに「好きだ」と言ってきたその男性には別に恋人がいたのです。わずか一か月後に、男性は豹変してしまいます。

ある日、男性はアマンダさんが以前通っていた学校の生徒一五人を連れて、彼女の家に乗り込んで来たのです。

そして、「誰もあんたなんか好きじゃないんだから」と罵り、アマンダさんを繰り返し殴り地面に叩き付けました。男性が連れてきた生徒は皆、アマンダさんのかつての友人たちでしたが、彼らは面白がってその状況をカメラで撮影し続け、誰も傷ついたアマンダさんを助けようとはしませんでした。

アマンダさんは父親が見つけるまで外の溝の中に横たわっていました。

なんという悲惨で、酷い仕打ち（いじめ）なのでしょうか！

父親は、傷ついて横たわる娘を抱きかかえ自宅に運びました。

その後、彼女は漂白剤を飲んで自殺を図りました。

絶望とはこのことをいうのでしょうか……。

幸いにも発見が早かったため、アマンダさんは運ばれた病院で胃洗浄され、一命をとりとめます。

その後、また別の街の新しい家に引っ越しましたが、執拗ないじめは繰り返され、暴行事件から六か月たった後も、Facebookには彼女の名前にはタグ付きで漂白剤や横たわっていた溝の写真が投稿され続けています。

投稿欄には、「これを見て自殺するといいわね」といった言葉が掲載されていました。

精神状態が不安定となったアマンダさんはカウンセリングを受け、抗うつ剤で治療を続けましたが、逆に悪化してしまい、薬の過剰摂取で再び病院に運ばれます。

どん底にいた彼女がYouTubeに画像メッセージを送ったのがこの時でした。

『私のストーリー……もがき、いじめ、自殺、自傷』というタイトルで、画像の見出しには次のように書かれています。

「私はもがきながら、この世界にとどまろうとしています。……強くなれる、というインスピレーションを得るために、これを作りました。痛みから逃れるために自分を傷つけたのは、人を傷つけるよりは自分を傷つける方を選んだから。人を憎む人はどこにもいますが、どうか憎まないで下さい。でも私の所には憎しみが集まるんでしょうけど。誰（の人生）にもストーリーがあるのだと、あなたたちに見せられたらいいと思います。そして、頑張って乗り越えられれば、みんなの未来がいつか明るくなることも。（その証拠に）私はまだここにいるでしょう?」

彼女は、自分に起こったことを多くの人に告白して、私も強くなるから一緒に頑張ろう、という思いでこの画像をアップしました。今にも倒れそうなほど疲れ切った、苦しそうなアマンダさんの姿を感じます。絶望の中で助けを求めているようにも感じます。

しかし、それでも執拗ないじめは続きました。

回復した彼女を待っていたのは、Facebookに投稿された「いい気味」「別の漂白剤飲んで死ねばいいのに」という心ない言葉の数々でした。

なんて酷いのでしょうか……。

アマンダさんは誰も傷つけてはいません……。

誰をも中傷していません。

こんなに陰惨ないじめをしなければ、満たされることのない空虚な自尊感さえ保持できないのでしょうか。

ラティアさんと同じく、誰一人助ける人がいません……。

こうして彼女は、自らこの世を去っていきました。

アマンダさんの画像は今でもYouTubeに残り、悲しみ傷ついた彼女からのメッセージが届けられているのです。

それがフェイスブックやSNSを通して世界中に広まり二〇〇万回以上視聴され、追悼のメッセージが続々と寄せられています。ツイッター上でも、「アマンダ、安らかに眠って」(#RIPAmanda)というハッシュタグがトレンドになっています。

もともと、チアリーダーだった彼女を教えたコーチは、ニュースインタビューで、「すごく強い子だったから、何でも跳ね返せると思っていた」と発言していました。

確かに性格はしっかりして強い子だったのかもしれませんね。

でも、どんなに強い子でも、愛や希望、周りに彼女を支える人たちがいなければ生きることはできません。

どんなに強い子でも、これだけ陰惨で情け容赦のないいじめを受ければ、誰でも心が折れてしまいます。

画像は、アマンダさんが死を覚悟して、自分と同じように苦しむ人たちへ投げかけたメッセージではなかったのかと、私は感じています。

人は誰かを必要とし、また誰かから必要とされているものですね。

その後、この映像を見た四万人以上の人が集まり、Rest In paradise Amanda Michelle Todd(アマンダさんが天国で安らかに眠れますように)と、多くの人たちが涙を流して冥福を祈りました。

アマンダさんの母親は、「このビデオは、いじめ防止のための学習ツールとして、多くの人に見られるべきです。それが、娘の望みだったと思います。」とツィートしています。

記事元:HuffPost Crime, HuffPost B.C., YouTube (1), YouTube (2)

ネットいじめは、直接的な暴力に費やす精神的エネルギーや肉体的エネルギー、心情的負担、そして、必ず何らかのリアクションによる痛みや衝動、苦しみや衝撃がまったくありません。

また、直接的暴力が自分の心身を全力投入しても成功するかどうかわからない真剣勝負であるのと違って、ネットいじめは、ゲーム感覚で虚構の世界を暴力的に支配する、陰湿な弄びゲーム（子どもたちが小動物や昆虫を捕獲して遊ぶように）がネットいじめではないでしょうか。

彼らは、未成熟な若者に特有なひ弱で満たされることのない空虚な自尊感を保持するために、いじめたい相手をターゲットに選び、「なりすまし」をするだけで、自分の手を汚《よご》さずに相手にダメージを与えれば良いのです。

個人の住所、電話番号、写真や画像を勝手に掲載して困らせることもできます。

日本でも次のような〈二四時間いじめ相談ダイヤル〉が開設されています。誰にも相談できない人たち、苦しく、辛くなったら電話をしてみてくださいね。

いのちを大切に決して、決して負けないでほしい。

＊いじめにあって悲しくなったり、死ぬことを考えるほど困ったりしたら

〈24時間子供ＳＯＳダイヤル〉０１２０－０－７８３１０

自殺対策支援センター　ライフリンク　http://www.lifelink.or.jp/hp/link.html

全国どこからでも、夜間・休日を問わず、いじめ等の悩みを相談できます。

15 掲示板は匿名だから安全か？

Q 子どもは自由に書き込みができて楽しいと言いますが、親としては不安です。「実名がでないので心配ない、大丈夫」とも言います。ネット上にある「掲示板」とは何ですか？　特に危険だと思われる部分はどこにあるのでしょうか？

A これは文字通り、ネット上にある「掲示板」で誰でも自由に意見を交換できる交流の場（2チャンネルなど）のことです。

出会い系のサイトを含めて、誰もが自由に閲覧、書き込みができ、ありとあらゆる掲示ができる場所です。

ただ、ほとんどが「匿名」のため、実際の相手がわからないことと、わからないから言いたい放題で無責任である、という危険性のあるものです。

その書き込み内容によって、「名誉棄損」「誹謗中傷」「脅迫」といった罪にまで発展する場合があるのです。また、掲示板に実名を出し、メールアドレスなどを知られれば、住所、電話番号、メールアドレス、銀行口座など、プライバシーに係わる情報が流れ出てしまう可能性があります。

日本最大と呼ばれている2チャンネルなどは、一日のアクセスが一〇万件以上もあり、あっというまに拡散する恐れがあります。

最近では、「今週中に無差別に殺します。気分次第では、すれ違った人も殺します」「今週の日曜日に郵便局を襲います（実際の場所を特定して）」などの書き込みをした二人の中学生が脅迫容疑で逮捕されています。

動機は、いたずらしてみたかったということでしたが、こんないたずらが赦されるはずもありません。

16 チャットのおしゃべりは安全か？

Q チャットは、「匿名」でお話ができて楽しく、心配のないものだと言われていますが、大丈夫なのでしょうか？　娘は家に帰って来てもスマホを手放しません。防水スマホを持ち、お風呂場でもトイレの中でも、食事中でも夢中になって手放しません。依存症が心配です。

A 「チャット」は、おしゃべりと考えれば良いでしょう。

「チャット」参加者は同じ時間にパソコンの前にいて、ハンドルネーム（愛称）でお互いがおしゃべりをします。

「掲示板」は好きなときに見て、好きなときに書き込めばよいのですが、「チャット」では、その場で生の会話ができるため、見知らぬ者同士の会話が新鮮に感じられ、普段言えないことでも自由に話せるという気安さがあります。匿名であるために、何でも話しやすくなり、別人格（変身）となる場合も多いのです。

匿名ということで、普段人前で言えないようなことも言えるので、歯止めがかからず、誹謗中傷の被害を受けてしまう場合もあります。

チャットを続けてしまう理由は、実際の人付き合いに煩わしさを覚えている人が、常に他人とのつながりや匿名による居心地さを求めるあまり「チャット依存症」となり、家で引きこもりが多くなる傾向があります。

このように、見知らぬ人たちが匿名で話し合い、好き勝手におしゃべりといえば可愛らしく聞こえますが、一体誰と会話しているのでしょうか。考えてみれば恐ろしいことです。

やはり、スマホを購入するとき、スマホの機種変更をするときには、「時間利用制限」の条件付きで購入するのが良いでしょう。

17 出会い系サイトは大丈夫？

Q 「出会い系サイト」は禁止されていると聞いていますが、それでも子どもたちはスリルを求めて利用しているのでしょうか？　何かの犯罪に巻き込まれないかと心配です。また、「出会い系サイト」でなくともゲームやブログ、SNS、掲示板、プロフなどでも出会えるわけですから、注意深く見守るしか有りません。

A「出会い系サイト」は、男女の出会いを目的とした掲示板やチャットのことを指します。誰でも利用でき、純粋な「出会い系サイト」と援助交際などを伴う「出会い系サイト」の二つに分かれます。

二〇一二(平成一五)年九月に「出会い系サイト」規制法が施行され、援助交際に誘う書き込みは禁止されましたが、現実には、書き込みは後を絶ちません。

この「出会い系サイト」がきっかけとなり凶悪犯罪の被害が続出しています。知らない者同士が、お互いの好みや趣味を通して出会い系サイトで知り合う、そのこと自体はとりたてて問題があるわけではありません。

しかし、最初から犯罪目的で利用する者も多く、レイプ、誘拐、恐喝などの事件性をはらんでいることもあります。被害者のうち、一八歳未満が八五パーセントを占め、その九九パーセントが女性です。大半が一八歳未満の女性ということになります。

「ネットの世界(バーチャル)」で「リアルな世界(現実)」とは違うから心配ないという考え方があります。

また、お互いが匿名なのだから怖いことはない、嫌になったら止めればいいのだから、という人もいますが、リアルな世界もネットの世界も危険性は何ら変わりありません。

ただ大きな違いはリアルな世界は限定(対面)ですが、ネットの世界は不特定多数で無限(広範囲)だということです。世界中のどんなところへも侵入できますし、侵入される恐れのあるものだということを忘れてはいけません。

18 恐ろしいなりすまし

Q 何もしていないのに、子どもがネット上でいじめに遭っています。知らない場所で写真が公開されたり、身に覚えのない悪口を言われたり、実名や住所、学校まで公開されてしまいました。子どもに聞いたところ「まったく知らない人が自分の名前を語っている」と言います。これが「なりすまし」でしょうか？

A フェイスブックなどに、他の人物になりすまして「友達申請」するトラブルが続出しています。また、フェイスブックだけでなく「ＳＮＳ」「投稿サイト」「ＬＩＮＥ」などでも「なりすまし」が多発しています。ハンドルネームやニックネームで参加している人は実害が少ないのですが、フェイスブックは実名を出しているため被害が大きくなります。

ある日突然、誰かが他人の名前を語ってフェイスブックにアカウント登録し、「友達申請」していたら怖くなりませんか？　ネット上では本人を確認する方法がありません。「なりすまし」は卑怯だし絶対に許せるものではありません。

また、ご質問のように、実名を他のネット上で公表したり、学校や仕事場の住所、個人の電話番号、メールアドレス、預金通帳の番号などを勝手に公表する者もいます。

ある中学生が、ご質問のご子息と同じような「なりすまし」による被害に遭いました。

なりすましグループはネット上で、その中学生の学校の先生や友だちの悪口、プライバシーに関わる事柄を、あたかも本人が発しているかのように発言を繰り返すのです。

そして、それを見た友だちが一斉に、その中学生を責めるようになり、彼は学校に通えなくなりました。これがネット上の「なりすまし」によるいじめです。

また、注文していない商品が届いたり、知らない人が訪ねて来たり、「なりすましツィッター」「なりすまし投稿」「なりすましフェイスブック」のトラブルが続出しています。

ある女性になりすまして他人をからかったり、ある男性になりすまして女性に嫌がらせをしたり、陰湿ないじめは度を極めています。

フェイスブックなどを利用する際には、「本人確認」のできる合言葉や約束事など、しっかりしたルール作りが必要になるでしょう。

19 アダルトサイトおよび一般サイトでの登録の怖さ

Q アダルトサイトや一般のサイトは危険だらけだとお聞きしています。我が国は、「個人情報保護法」という法律で守られていると思うのですが、「個人情報」の実態はどうなっているのでしょうか？　私は、買い物などでネットを使うことが多いのですが、どこに注意すれば良いのでしょうか？

A チャットでの言い争い、悪口、誹謗中傷によってさまざまな事件が起こっています。メールによるストーカー行為、アダルトサイトからの高額請求、出会い系サイトでの援助交際、掲示板へのプライバシーの書き込み、脅迫、リベンジポルノ、ネットオークションによる犯罪行為、ブログ、ホームページ、フェイスブック、LINE、メールには、ちょっとした油断が恐ろしい犯罪に繋がってしまうことを知っている人が少ないのも現実です。

ケータイやスマホを販売する企業は、夢（幻想）を与えはしますが、犯罪に繋がる危険性について注意を喚起していません。そして、利用者の大多数がその恐ろしさを知りません。

どうしてなのでしょうか？

なかでも一番恐ろしいのが「個人情報の流出」です。

個人情報が一度漏れてしまうと、それがどこに流出していくか誰にもわかりませんし、誰にも止めることができなくなるのです。

「アダルトサイト」（一八歳未満閲覧禁止のサイトのことをいいます）では、文字通りの猥褻《わいせつ》な性風俗画像や情報が閲覧できます。しかし、実際は画面上で年齢確認をするだけなので、誰にでも簡単に見ることができてしまいます。

ここでの問題は、高額の請求と個人情報の流失です。「アダルトサイト」だけではなく、「出会い系サイト」も同じです。

インターネット・サイトを利用するためには「登録」が必要になり、「氏名」「住所」等の個人情報を登録しなければなりません。登録した「個人情報」が、そのサイトから他へ流出する恐れがあるのです（インターネット・カフェなども危険です）。

これは、「一般サイト」も同じと考えてよいかもしれません。

懸賞への応募、アンケートの協力、資料請求などで氏名や住所を書き込んでしまいますが、サイトは安全ではないと考えて利用しましょう（ネットショッピングも要注意です。「ＳＳＬ（セキュア・ソケット・レイヤー）」で保護しているものは、暗号化しているので安全です）。

また、勝手に送られてくる「迷惑メール」は、個人情報が流出している証拠です。買い物をしたら、関連商品を扱う案内などが届きますからわかるはずです。

「個人情報保護法」で保護しているという割には、情報が売られているのが実際でしょう。

大手プロバイダ「yahooBB の事件」では、六六〇万人分の個人情報が流出しました。このような大手サイトは限りなくあります。次々と個人情報が漏れている現状は恐ろしいことです。

20 取り返しのつかない流出画像

Q 友達が見つけてくれたのですが、知らない内に私の写真がフェイスブックに公開されていました。その写真は人に見せたくないプライベートの写真のため恥ずかしくて困り果てています。どうしたら良いのでしょうか？

A 面白い写真、変わった写真、ユニークな写真、不思議な写真、そして女性の写真などは拡散しやすいものです。友だちだけの特定のフェイスブック以外で勝手に使用されているのが目立ちます。
しかし、ほとんどが他人の撮った写真や映像を無断で勝手に使うのですから「著作権侵害」「著作者人格権侵害」「肖像権侵害」になります。

写真を撮る、撮られるというのは日常茶飯事の出来事であり特別に問題はありませんが、撮ったものをアップする方法に問題があるのです。

撮ったものを友だち同士で見せ合うことはかまいませんが、投稿するとなるとまるで別問題になります。

写真を撮られることはかまわないが、それをホームページやブログ、フェイスブックに投稿してほしくない人はたくさんいます。人に知られたくないことや人に見られたくないのに投稿されるのは抵抗があるものです。

フェイスブックに個人情報や写真を勝手に載せられることを嫌がる人は九〇%を超えているのです。

投稿するには配慮（許可）が必要になります。

また、削除したい場合は、「タグを報告または削除」を使って削除依頼ができます。直接メッセージを相手に送り「削除依頼」してもらってもかまいません。

ほとんどの人が、何気なく撮った写真や映像をフェイスブックやＬＩＮＥに載せています。本当に信頼できる人たちの間であれば問題はありませんが、そうでければ、危険だと思った方が良いでしょう。

水着姿や裸の写真や映像の流出は、深刻な問題になる恐れがあるからです。幼女が可愛いからといって、ＬＩＮＥやフェイスブックに載せてしまえば、次々にコピーされて拡散してしまいます。

たかが写真と考えがちなのですが、写真や動画は売買の対象となるもので、購入するマニアもいます。

例えば、運動会で撮影した子どもたちの写真や動画、プールやスポーツ施設などで、遠赤外線カメラを使用して盗撮した画像なども売買されてしまいます。

自分の撮影したものが、自分の知らないうちに、このような商品として利用されていたら、これほど悔やむことはありません。

可愛らしいからといって、安易に子どもの写真をフェイスブックやＬＩＮＥに載せないことです。

21 容赦のないいじめ写真、いじめ動画

Q 子どもがいじめられている映像がネット上に出回り困っています。それを撮影した少年たちからは謝罪してもらい、処罰もしてもらいましたが、映像が勝手に出回ってしまいました。どのように対処したら良いのでしょうか？

A 映像を使った子どもたちの悪ふざけ、いたずらによる特定の子どもを狙ったネットいじめはより陰湿となって深刻化してきました。

友だちを撮影して、みんなで笑いものにしたり、友だち同士の喧嘩を撮影して喜んだり、衣服を脱がして写真に撮り、困っている姿をＬＩＮＥに載せて楽しむというリンチに等しいいじめです。最近では「公開処刑」と銘打って、ネット上で公開した中学生が逮捕された事件があります。

こうなると個人的ないじめの枠を超えてラティアさんやアマンダさんが受けた集団的暴行と同罪です。さらに流出した写真や映像は人の手から手に渡り拡散していきます。いたずらでは済まない犯罪を犯した本人が反省して対処しようにも、その画像は勝手に世界中に広がっていきます。ネットの恐

ろしさを子どもたちは現実的にも想像力によっても推し量れません。

一〇人のメンバーがいれば一〇〇人へ、その一〇〇人が一〇〇〇人へ、一〇〇万人へと広がっていきます。それがやがて世界中に広がれば、何億人にも広がるということも大袈裟な表現ではありません。ネットの恐ろしさは、どんな情報でも一瞬で不特定多数の人たちへ拡散して、しかも世界中に個人のプライバシーが流出してしまうのです。

どのような処罰になるのかわかりませんが、ネット上の削除請求などをしなければくい止めることはできません。

完全なる解決とはなりませんが、まず警察に被害届を出すことで問題が明確になり、迅速な対応をしてくれるはずです。

「プライバシー侵害」「名誉棄損」「損害賠償請求」等、民事事件としての処罰だけでなく、刑事事件としても処罰されるべき被害なのです。

22 恐ろしいネットストーカー

Q 何度もお断りしているのですが、知らない人からメールが入ります。無視したり、「やめてほしい」と言ったら、もっと激しくメールが来るようになりました。無視では収まらないので恐ろしくなってきました。いつも誰かに見張られているような怖さです。

A

フェイスブックやSNSで知らない人から声をかけられたことはないでしょうか？　しつこくメールしてくる知らない人、返信しないのにメールを送り続けてくる知らない人。「もう、連絡しないでください」と伝えると、余計にメールを送りつけてくる人。

これらの人は「ネットストーカー」と呼ばれる人たちで、ネット上で嫌がらせをします。やがて、それがネット上に留まらず、自宅や仕事場まで来て待ち伏せするようになります。

一番怖いのは相手が誰なのか、顔が見えないことです。もしかすると、すぐ傍にいる人かもしれません。知らない場所から私のことをじっと見ているかもしれません。

昔あった「不幸の手紙」のように、匿名で誰だかわからない人からの嫌がらせや脅迫が、現在はネット上で頻発しているのかもしれません。また、女性だけがストーカー被害に遭うのではなく、男性にもストーカーが現れてきました。フェイスブックの場合、登録するときに「実名」「趣味」「電子メールアドレス」を記入しますが、「顔写真」や「勤務先」など、記入する必要のないものまで載せる人がいて、これらの情報がストーカーを発生させるきっかけになっていると考えられます。さらに、フェイスブックでは二つの位置情報が登録できます。

一つ目は、GPS機能を使って位置確認ができること。

二つ目は、コンピュータのIPアドレスから位置情報を取得できることです。

一家に二台から五台のスマホやケータイを持つ時代ですから、家族全員のスマホを確認する必要があるでしょう。

もし、登録している位置情報が、第三者でも閲覧できるような状態であるなら、「プライバシー設定の変更」と「閲覧制限」「投稿内容の削除」が必要だと思います。

23 SNSやブログに本人の許可なしでコメントしないこと

Q SNSやブログで身の回りのことを日記のようにコメントしています。その中で友人を中傷したことはありませんが、コメントの中に友人の名前を入れたことで喧嘩になってしまいました。その友だちは、私の書き込んだコメントをSNSの利用者に拡散し、他の友人たちにまであっというまに広がってしまいました。それ以来、私に対する個人攻撃が起こり、学校に行くことができなくなってしまいそうです。私の悪いところがわかりません、教えて下さい。

A SNSやブログ、フェイスブックなどに許可なく他人の名前や内容を日記にして公開することは、他人への「個人情報侵害」「プライバシー侵害」になる恐れがあります。

ノートに綴った日記や特定の人に送るメールは、「私的利用の範囲」となりますが、SNS、ブログ、フェイスブックなどは私的利用の範囲を超える可能性のあるものです。

ですから、SNSやブログに本人の許可なしで「他人の名前」「内容（プライバシー性のあるもの）」をコメントすることは許されることではありません。

もし、あなたが自分の「氏名」「写真」「情報（プライバシー性のあるもの）」などを知らないところで勝手に使用されていたとしたらどう感じるでしょうか。

問題ないと考えている人もいますが、大半の人たちは嫌がるものです。

日記というプライベート性の高いものならば、本人に許可なく公表した者に原因がありますから、すぐさま「謝罪文」を公表することです。

また、それが原因で相手が感情的になり、あなたの日記を他で公開するようなことがあれば、あなたの日記を本人に許可なく公開したことになりますから、その人は「著作権侵害」行為をしたことになります。

ネットの世界は、当初予期していた以上の拡散と反応が恐ろしいほどのスピードで影響力を持ちますから充分注意しましょう。

24 特定のSNSに書き込んだだけで個人攻撃される

Q SNSに私が書き込んで投稿した文章がコピーされ、他のSNSに勝手に使用されていました。書き込んだ内容はあくまでもグループ内の友だちだけです。おそらくグループ内の誰かがそれをコピーして拡散したのだろうと思います。内容はあくまでもグループ内だけの特定の人たちの内容のため、他の場所で公表されてしまったら私は個人攻撃される恐れがあります。どうしたら良いのでしょうか。

A SNSやブログ、フェイスブックなどでは、大人だけでなく子どもたちの間でも、ご質問のようなトラブルが増えています。

ネット上の書き込みは、簡単にコピーして第三者に送ることができるものですから、内容には慎重な配慮が必要になります。

「慎重な配慮」とは、他人の氏名やプライバシー、個人情報などは書き込みをしないことです。まして「第三者への批判」などは、そのままコピーされて拡散し、自分の意図しない相手にまで広がる恐れがあります。

「ほんの軽い気持ち」で書き込んだもの、つい「軽はずみ」で書き込んだもの、他人のコメントをコピーして勝手に利用したものは、確信犯に近く、間違いなくトラブル予備軍です。

ネット上のすべての情報は、「不特定多数の他人が勝手に自由にみられる可能性があるものだ」という認識が必要になります。また、自分が知らない他者に知られて困るものは、コメントしたり、コピーをしないことです。

25 ネット上の誹謗中傷はどうやって止めればいいの？

Q 私のツィッターのコメントによって、ネット上で誹謗中傷されて困っています。ツィッター内容は政治批判でしたが本当のことです。悪い内容とは感じていませんがそれが勝手に拡散されて私に誹謗中傷が集中してしまいました。どうやって止めれば良いのでしょうか。

A 掲示板やSNS、フェイスブックやツィッターは、特定の人たちだけだと安心している人が多いようですが、簡単に実名で拡散される恐れがあります。

政治、宗教、思想などの場合、何が正しくて、何が悪いということは、その人の主観によるものです。あなたにとって駄目なことでも、他の人には正しい場合もあります。一言で政治といっても、様々な考え方があるわけですから、ネット上で批判する場合は、どんな反論も覚悟して行わなければなりません。だからといって、余りにも酷い誹謗中傷が許される訳はなく、またお互いが傷つけあっても意味はありません。

まず、「誹謗中傷」の書き込みをされた被害者は、書き込みをした加害者に対して、「民事上の損害賠償請求や差し止め（削除）請求」することができます。同時に、「名誉棄損」「屈辱罪」で刑事責任を追及するために警察に告訴できます。

ただ、ネット上では匿名の書き込みが多いため、すぐに該当者を特定することはできません。対応処置としては、書き込みされたネット掲示板を運営している「管理者」やサイトが掲載されているインターネットサービス提供者の「プロバイダー」に対して、〈誹謗中傷内容（発言）を削除してほしい〉〈誰が発信しているのか、発信者の記録情報「ログ」を開示してほしい〉ということを法的に要求することができます。

この権利は、「プロバイダー責任制限法（平成一四年五月二七日施行）」により認められているものです。あまりにも悪質な名誉棄損、特に低年齢層者の場合は、自殺にまで追い込まれるケースがあり、警察は刑事事件として捜査してくれます。大人が被害者の場合は、まず「民事事件」として提訴することになります。ただし、誹謗中傷の場合、被害者の元の発言から起きているケースが多く、どちらが加害者で、どちらが被害者なのかという判定、判断を必要とされます。相手がネットカフェからの発信の場合は特定がむずかしいとされているようですが、「殺人予告」「脅迫」「恐喝」は、すぐに警察に通報する必要があり、刑事事件としてすぐさま取り扱ってくれます。

26 「殺人予告」「脅迫」「恐喝」は、刑事事件として告訴できます

Q インターネットの掲示板に「死ね！」「殺すぞ！」「今から、お前の家に行くぞ！」「学校には行かせない！」という書き込みがあり、子どもが怯えています。具体的に金銭要求はしていないようですが、「誠意を見せろ（金を準備しろ）」「○○を持ってこなければ困ることになるぞ！」「親にばらすぞ！」などという脅迫じみた言葉を使っています。おそらく脅すだけのいじめかと思いますが、このまま放置しておくわけにはいきません。どのような対応が必要なのでしょうか？

A 「殺すぞ！」「今から、お前の家に行くぞ！」「ナイフで刺すぞ！」などとネット上の掲示板に書き込むことは、たとえ軽い気持ちだとしても冗談ではすみません。

子どもたちが、「死ね！」「殺すぞ！」などとふざけて言いますが、ネット上の書き込みは具体的に「証拠」として残るものです。また、書き込みは相手に恐怖感を与えます。

このような「殺人予告」「犯罪予告」「脅迫」は、予告しただけで逮捕されてしまいます。

これは大人だけでなく、未成年者でも同じように逮捕される例も出ています。特定の個人に対して、「同じクラスの○○を殺す！」などの書き込みをすれば、「脅迫罪（刑法二二二条）」に当り、二年以下の懲役又は三〇万円以下の罰金」に処せられます。

さらに飛躍して、「○○学校に爆弾をしかけ、生徒全員を殺す！」という場合は、学校側が警備体制を強化し、生徒たちを緊急下校させることになります。

この場合は、学校の業務妨害となる「偽計業務妨害（刑法二三三条）」若しくは「威力業務妨害（刑法二三四条）」が適用され、三年以下の懲役又は五〇万円以下の罰金に処せられます。

このような書き込みをする人は、匿名だから誰にも特定されるはずがないと考えているのでしょうが、「プロバイダ責任制限法」（平成一四年五月二七日施行）という法律によって、匿名で書き込まれた情報は、情報を有するプロバイダに対して「発信情報源の開示請求」が認められ、すぐさま相手を特定できるようになりました。

27 「教えてはいけない！」プロフの危険性

Q 子どもたち同士で「プロフ」（URL・A Uniform Resource Locator（URL））自己紹介サイトで楽しんでいます。それは何なの、と聞くと「友だちが増えてとても楽しいサイトだよ」といいます。このサイトは安全なのでしょうか。私の子どもはまだ小学生なのですが、同級生の間でも広がっているようです。

A スマホを持っている高校生、中学生、小学生の多くがプロフ（自己紹介サイト）を利用しています。プロフはスマホのweb画面上から自由に選択できます。プロフ作成を提供している業者は様々あり、あらかじめ用意してある質問の項目を順番に答えてから自分の顔写真を張り付ければ簡単にプロフが作れるようになっています。

プロフでは書き込み用の掲示板を設けたり、日記やメモ、自分のスケジュールなども書き込めるようになっています。友だち同士でプロフ（URL）を交換し、アクセスし合えば、お互いの情報を知ることができます。

また、操作もスマホの遠赤外線通信機能を使えば、URLを簡単に交換し合えます。操作が簡単なので、コミュニケーションツールとして子どもたちの間に広がっているものです。

子どもたちは簡単に「友だちの友だちを紹介」し合うことができ、地域を超えた広範囲に友だちの輪を広げることができます。

好みの芸能人や趣味、関心事を共有できる友だち作りに利点があるようです。

しかし、プロフにも大きな危険が潜んでいます。それは、「個人情報」に関する知識を持ち合わせていない子どもたちが操作していることです。

子どもたちは、ネット上でプライベートなことを書き込む時には一応注意しているようですが、プロフについては「URLは友だちにしか教えないから大丈夫」だと考えているようですが、ここが最も怖い落とし穴です。

たとえ友だち同士であっても、「個人情報」を一度でも渡してしまえば際限なく外部に流出する危険があるからです。「友だちの友だちはみな友だちだ」という広がり方は、信頼できる人もいれば信頼できない人も含まれています。「友だち以外、URLは教えない」といっても、URLは誰でも調べることができるため、直接教えていないから安心だとは限りません。個人の氏名や住所、学校や生年月日、写真などが知らぬ間に、知らない相手に流出していきます。

「友だちの友だち」だからといって安心できません。むしろ、知らない人は友だちにしてはいけないのです。

28 ブログやホームページの危険性

Q 最近は無料ホームページをはじめ、誰でも簡単に自分のホームページやブログを持てるようになりました。子どもたちは友だち同士でホームページを作成して遊んでいるようです。心配なのは、誰もルールを教えてくれませんから何か問題が起きたとき、どうしたら良いのかまったくわからないのです。

A ホームページやブログは、小学生でも開設できるようになりました。スマホでも無料で作成することができます。しかし、ここにも危険な落とし穴が存在しているのです。

ホームページなどネット上の配信で最も注意すべき点は、個人情報（個人の写真、生年月日、学校名、プロフィール）なので、メールアドレスは必ず「フリーメール」を利用することです。

また、ホームページに顔写真を掲載することで、それを見た人にストーカー行為に似た好意を持たれたり、誹謗中傷の的になったり、嫌がらせを受ける可能性もあります。これを「メール・ストーカー」と呼びます。

メールストーカーの実態は、姿を見せない「なりすまし」の場合が多く、住所を知られると、実際のストーカー行為にまで発展する危険性があります（特に子ども、若い女性がターゲットになります）。

特に注意しなければならない点は、「個人情報」や「プライバシー」ですが、スマホで撮影した写真の扱いも同様に注意が必要です。

子どもたちの多くが、気軽に楽しみながら撮った写真を自分のブログやホームページに掲載していますが、実際には、無許可で使用しているものばかりといえるでしょう。

親しい友だちであれば謝って済む場合もあるでしょうが、謝ってもすまない相手もいます。

写真をプリントして友だちにあげるのは、限定された関係者だけですから何も問題ありませんが、ホームページやブログ上に掲載する場合は、見る人は不特定多数（無限）の人たちです。

その写真の背景に知らない人が写っている場合もあります。その人は、その集合写真の人たちとは関係ないわけですから一人だけ関係ないのにホームページやブログに掲載されるのは嫌だと言うかもしれません。さらに、写っている友だち全員にホームページやブログに掲載する旨の了解を得ないまま掲載しているかもしれません。これらはすべて、「プライバシー侵害」「個人情報侵害」「肖像権侵害」となります。

また、他人のホームページからのコピー等による写真の無断転載、コピー&ペーストによる文章等の無断転載となれば、「著作権侵害」「著作者人格権侵害」となります。

このように、「他人の作成したすべてのものは、本人の許可なく勝手に使用することはできない」ということを十分に理解していない限り、ネット上にアップすることは避けた方が良いでしょう。

第3章

知らず知らずに犯罪者になる子どもたち

スマホは危険だらけ――ネットいじめの構造

さて、ここまでは危険なお話ばかりで、「もう、いや」「何て恐ろしいんでしょう」「もう怖くてインターネットには関わらない」という人もいるかもしれないと思います。

でも、そのように考える人の方が正常かもしれません。なぜなら、そのように受け取らない人たちがあまりにも多いからです。

自己本位、自分勝手、自分に都合が良ければ他人は関係ない、誰かが傷ついたって自分とは関係ない、自分だけ傷つかなければいい、といったように、昨今流行の新自由主義的思考と振舞いがはびこっているせいかもしれません。独りよがりの欲望に犯された人たちがインターネット時代の利己主義を助長しているのかもしれませんが、子どもたちの世界でいじめやネット犯罪を蔓延させているのは大人社会の閉塞した人間関係を映し出しているからなのではないでしょうか。

人は言葉によって救われる場合もありますが、言葉の使い方次第で人を深く傷つけ、苦しませ、やがて死に追いやることにもなるのです。

ネット社会は新しいツール（tool：器機や工具）を手にしています。本来便利なはずのツールが使う人間によって逆に武器となって、相手の人格を深く傷つける言葉、罵詈雑言、誹謗中傷の言葉を生み、育て、陰湿なネットいじめによって被害者が自ら命を絶ってしまうように仕向ける悪質な事件や犯罪が増大しているのです。

これは子どもたちだけの問題ではありません。公官庁や街中の一般企業、学校内にも蔓延している事態なのです。

成人して社会に出てからも、仕事場で、取引先との間で、病院や介護の世界で、私たちは高齢者になって死ぬまで、このネット「いじめ」と対峙しなければならないのでしょうか。

他者の痛みを知ろうとしない陰湿で冷酷なネットいじめがウイルスのように世界中に巻き散らかされ、怪物と化して、社会の隅々にはびこって良いはずはありません。いじめる者は自分の周辺に弱者をつくり出すことで、自分が強靭化していると錯覚します。自分の内なる弱さや歪みから逃げ回りながら、いじめを繰り返しているだけなのです。

「匿名」や「なりすまし」という卑劣な手口を使って、他者を攻撃する自分の弱さに気づくことができないのです。


いのちはひとつ。

ひとり一人にいのちがあります。

ひとつ一つのいのちがあります。

地球上には何十億（地球上の動植物の数はもっと多いです）のいのちがあります。

動物も、植物も等しく同じいのちです。

それは、連綿と続き、これからも続いていく、尊いいのちなのです。

その尊いいのちが次々と、幼弱に失われていく今のネット社会。

自分のいのちは自分だけのものではありません。

すべてのいのちにつながりを持ち、すべてのいのちにとって大切なものなのです。

あたり前のことを再び問いたいと思います。

あたり前のことが、あたり前でなくなりつつある今だからこそ。

「泣き寝入り」で終わらせない法律知識

次は、スマホやネットを利用するすべての人たちが、自らの身を守り、保護する法律についてのお話しです。

アメリカは起訴社会と呼ばれています。

例えば、レストランでボーイさんにコーヒーをこぼされ、衣服が汚れてしまったことに憤慨したお客さんが、お店に対して数億円という損害賠償を請求します。また、不当解雇に遭っても、日本人のように泣き寝入りせず、裁判に持ち込み生活権を主張します。

このようなアメリカ社会が培ってきた社会規範を見習うということではなく、頻発するネット社会のトラブルで、今まで社会的弱者に負わされてきた「泣き寝入り」で生涯を終わらせないための知識（法律の一部）を身に着ける必要があると思うのです。

まず、皆さんが日常の仕事や生活の中で利用しているパソコン、ケータイ、スマートフォン、デジカメ、ツールとしてのメール、ＬＩＮＥ、ＳＮＳ、フェイスブック、チャット、ユーチューブのニコ生放送、スカイプ、その他多数のメディアと通信手段がありますね。これらすべてに権利があることを知って利用していますか？

なかでも、写真や映像のすべてでは、「著作権」「肖像権」「パブリシティ権」「プライバシー権」などの権利が集積されているものなのです。そして、ネット上のいじめ解決策が「著作権」と「肖像権」にあるのです。

皆さんは、インターネット上に掲載する写真や動画をどのように扱っていますか？

多くの人が、ケータイ、スマホ、デジカメなどで撮影した画像をネット上にアップして掲載していると思います。

ここでまず知っていただきたいのが、次にあげる三つの権利です。

❶写真を撮影した者には「著作権」という権利があること。
❷写真の中の人物（肖像）には、「肖像権」という権利があること。
❸他人が知られたくないもの、知らせたくないものには、「プライバシー権」があること。
❹これらの権利はすべて「個人情報保護法」にも該当するものです。

例えば、画像や映像には、それを撮影した人（著作者）に著作権という権利があります。

ですから、他人が撮影した画像を利用する場合は、必ず撮影した人の許可が必要となります。もし、許可なくネット上に掲載した場合、「著作権侵害」となり、告訴される可能性もあります。たまに「転載ご自由」と書いてある画像や文章がありますが、これは宣伝して広めて欲しいということですから出典さえ明記すればよろしいと思います。

また、その写真や映像を撮影した著作者から許可をもらっても、そこに写るすべての肖像者（人物）からの許可も必要になります。

その両者からの許可なく、無断でネット上に掲載した場合は、「肖像権侵害」で訴えられる可能性があります。

つまり、「著作権者」「肖像権者」の両者の許諾が必要になるということです。

さて、皆さんはどうでしょうか？

ホームページ、ブログ、フェイスブック、その他のネット媒体に他人の著作物を載せるとき、それぞれの権利を有する人たちから正式な許可を得て使用しているでしょうか？

「そんなこと関係ないよ、だって私は個人的な趣味でやっているだけなのだから」

おそらく大半の人がそのように答えるのではないでしょうか。

では逆に、もし自分の写真や自分の文章や詩が、自分の知らない所で勝手に利用されていたとしたら、どう感じるでしょう？

イヤな気分になりませんか？

自分で撮影した画像が知らない人、組織、団体に悪用されていたとしたらどうでしょうか？

自分が作成した画像や文章が、自分の意に反する内容に修正され、知らないところで利用されていたとしたらどうですか？

自分が書いた文章のある一部分を誰かが勝手に修正してしまったために、思いもよらぬ趣旨の文章となって利用されたらどうでしょうか？

自分の肖像写真を誰かが勝手に利用し、自分の知らないネット媒体に紹介され、さらにパロディ化されて悪口までつぶやかれていたらどうでしょうか？

日本国憲法の条文には、「何人たりとも他人の人格を傷つけてはならない」という一文があるように、すべての著作権者やプライバシー権者はその権利を有し、すべての著作権者やプライバシー権者は人格が保護されることを約束した条文なのです。ですから、わたしたちの生活に身近な著作権を知れば、ただ「泣き寝入り」するしかないようなことはもうありません。

ホームページやブログ、メールやＬＩＮＥ、フェイスブックやその他、私的利用を超える可能性のあるネット上で、本人（著作者）の許可なく使用した者に対しては、「著作権侵害」「著作者人格権侵害」「肖像権侵害」「名誉棄損」などで訴えることができます。

また、相手に恐怖心を与えるような言動や行動などはすべて恐喝になります（警察に通報すれば、すぐに対応してくれるでしょう）。

逆に、他人のモノを許可なく無断で利用すれば、相手から訴えられます。

このような基本的知識を持っていれば、ネット上の問題は法律で解決できるのです。

著作権には、著作者人格権というものがあり、民事裁判と刑事裁判と二つの訴訟ができるもので、著作権侵害等による「損害賠償請求」「名誉棄損」など金銭的な請求もできるのです。

しかし、前にも述べましたように、裁判で争うことは時間や労力、そして金銭的負担が重くのしかかるばかりでなく、精神的負担が心身に与える影響も大きな負担となって裁判の継続に支障をきたすこともあります。

ホームページやブログは、不特定多数の人たちが自由に閲覧できる上、簡単にコピー、勝手に改変（修正）ができてしまいます。ですから、どんなに私的な画像や文章でも、個人の範囲には収まらないということを認識して、十分な配慮と注意を心がけていかなければなりません。

また、個人のホームページだからといっても、インターネットは公の情報通信媒体です。著作権では「公衆送信化権」に該当します。ですから、安易に他人の画像や文章を利用、コピー、修正すれば処罰の対象となるのです。

メールやＬＩＮＥ、制限をかけたフェイスブックでの個人間に限った通信は、「私的利用」の範囲内のため許可はいりません。しかし、私的利用されたその写真、画像、映像を許可なくホームページ等に転載するのは違法行為、侵害行為となります。

インターネットは、これまでの歴史に登場し得なかった画期的なツールであり、人類の文化所産でありますが、これまでにない陰湿で悲惨なトラブルが続出している光景を目の前にして、幾多の脅威を感じずにはいられません。

この優れた媒体を与えられたわたしたち人間が、これをどう扱い、どんなことに用い、どのような未来を築いていくかという、新たな科学技術に対する哲学の根源的な叡智を問われているのではないかと、私は思います。

いじめという怪物がネットを利用して世界中に広がっていくのを知りながら、それを阻止していく知恵と意志をわたしたちは持てないのでしょうか。

とてつもなく速い速度で世の中が変ろうとしている現在、わたしたちは、かつてない時代の進展のなかで、伝統文化の伝承や多様な価値観の継承と共に、心の成熟を果たさなくてはなりません。

ケータイ・スマホ・パソコン・インターネットを誰もが利用できる一億総著作者時代の今、著作権は特定の音楽家、芸術家、小説家、文筆家だけのものではなく、創作者すべての権利なのです。

この著作権が、多くの国民の人権を保護し、救いのツールとなるのではないでしょうか。

詳しくは、特定非営利活動法人著作権協会
http://www.npojapancopyrightassociation.com/

29 プライバシーって何ですか？

Q 子どものフェイスブックを見たら、友だちとの写真やお話ばかりでした。一見楽しそうにも見えるのですが不安があります。それは、プライベートな話題が多いことです。友だちの住まいや周辺のお店、公園で楽しく遊んでいる子どもたちの写真、悪ふざけしている動画やクラスメートの女の子の写真などです。どうでしょうか？

A プライバシーには、「プライバシー権」という権利があり、裁判例では、「私生活をみだりに公表されないという法的保障及び権利」のことと定義されています。

要約すると、「私生活の事実や事実らしく受け取られる恐れのあることがら」「勝手に公開されては困るもの」「他人に知られたくないこと」「知られることにより何人かが傷つく恐れのあること」「知られていないことで、知られたくないもの」などです。

子どもたちが遊んでいるフェイスブックやSNS、LINE、ホームページ、ブログなどは、軽い気持ちで投稿したり、掲載したりしているモノがほとんどでしょう。

「軽い気持ち」では、本人が「私的利用」であると思って使用している点に問題があります。

「私的」とは、「特定の人に伝えたり、見せたりするもの」を指し、ネット上で特定されている不特定多数を対象としたメールやLINEなどの外は、すべて私的範囲とはいえません。

さらに、多くの人が閲覧できる状態ならば、そのほとんどが「プライバシー権の侵害行為」といえます。子どもたちに悪意がない代わりに、さまざまなトラブルに巻き込まれる恐れがあります。

次に、「プライバシー」には、どんなことがあるか挙げてみましょう。

「氏名」「住所」「電話番号」「家族構成」「病歴」「写真（自分や他人の写真）」「個人の悩みや問題」「私生活の状態」などですね。

イニシャルやニックネームでも個人が特定できてしまえばプライバシー侵害になります。他人の人格を著しく傷つけるような行為、またはそうなる恐れのあることをプライバシー権の侵害といいます。

写真や映像には「肖像権」があり、本人の許可なく勝手に掲載したり投稿したりすることはできません。また、他人の撮影した写真を使用する場合は、撮影した者に著作権がありますので、これも無断で使用することは許されませんので、許可を得る必要があります。

子どもたちのほとんどが、このことを知りません。

教えられるのは、身近にいる親ではないでしょうか？

30 パブリシティって何ですか？

Q イベント会場で有名な歌手の方と記念写真を撮り、自分のホームページにアップしたところ音楽事務所から「パブリシティ侵害だ！」というクレームが来ました。写真は私と友人が撮影したもので著作権は私にあると思うのですが。

A 著作権は、撮影した者に権利があることをすでにお話ししました。風景や花や自然であれば何も問題はありませんが、人物（肖像）には肖像権というものが発生します。

つまり、他人を撮影した場合の「著作権」は撮影者にあり、写された肖像者には「肖像権」という二つの権利があるということです。

ですから、著作権があっても肖像者から使用許諾をもらう必要があります。

また、ここでのご質問は、有名な歌手ということですから、「パブリシティ権」というものがあります。タレントやスポーツ選手の場合は、その氏名を表示したり、姿を出すことでイメージアップし、ファンに注目させる訴求効果のあるものです。こうした訴求効果を利用できる権利のことを「パブリシティ権」と呼びます。

ですから、イベント会場で撮影したスナップ写真であっても、本人または所属会社の許可なく自分のホームページに掲載することはパブリシティ権の侵害となります。

ディズニーランドでミッキーやミニーと記念撮影した写真などもパブリシティ権のあるものですから、許可なくホームページ等に掲載することはできません。

その写真を何枚かプリントして友だちに配る範囲であれば私的使用の範囲内ですが大量にプリントして、多数の人に配布するのは、それがたとえ無料であってもパブリシティ権及び著作権侵害行為となります。

子どもたちのホームページやブログ、ＳＮＳへの投稿なども、やはり許可なく公表してはならないもので、実際には犯罪行為をしていることになってしまいます。

31

個人情報って何ですか？

Q インターネットの掲示板に私の住所や電話番号が勝手に掲載されていました。また、メールアドレスなども載っているため知らない人からのメールなども届くようになり、怖くなりました。どうしたら良いでしょう？

A 最近、本人に無断で個人情報が公開され、それを勝手に利用するといったケースが増えています。なかでも、特定の個人の悪口、批判、批評、住所、氏名、年齢、電話番号、メールアドレス、預金通帳の番号、会社の取引関係なども勝手に公開されています。

二〇〇五（平成一七）年四月に施行された個人情報保護法により、「利用停止」「消去請求」等が可能になりましたが、悪意のある者たちは、依然として、その情報を拡散しています。

そもそも人には、「私生活をみだりに公開されない権利」があり、それを「プライバシー権」といいます。住所、氏名、生年月日、電話番号、家族構成、財産、学歴、病歴等の私生活に関するものすべてが「プライバシー権」の対象になります。顔写真や、手紙、文章などの「肖像権」や「著作権」「個人情報保護法」とリンクします。それらもすべて本人の承諾がなければ勝手に掲載することはできません。

ホームページ等で勝手に公開した人に対しては、「掲載差し止め」「損害賠償」「謝罪広告」などの請求ができます。

住所や氏名等の流出により犯罪行為に結び付く場合は、刑事罰の対象にもなります。
知らない会社から注文していない商品が送られてくるなど、恐喝に結び付くケースなどです。恐喝の場合は、生命、身体に対して害を加える旨を告知して脅迫すれば、「脅迫罪（民法二二二条）」として警察に通報できます。

注意しなければならない点としては、

（1）アンケートなどに、メールアドレスなどの個人情報を安易に記載しない。
（2）各種サービスを提供しているサイトへの登録をしない。
（3）不特定多数が閲覧できる掲示板やフェイスブック、ブログ等に個人情報を安易に載せない。
（4）知り合いが相手であっても、ブログやホームページ等での個人情報の扱いには注意する。
（5）パスワードは必要に応じて変更し、他人に知られないようにする。

32 肖像権って何ですか？

Q 私の子どもの顔写真が知らない人のホームページに載っていました。また、同じように知らない人のフェイスブックにも同じ写真が載っています。私は誰にも許可を与えてはいません。
注意をしたら、私の友人が送ったもので、友人から許可を取っているといわれました。確かにその友人には子どもの写真を撮らせましたが、こうなるとは知りませんでした。そして、その友人に確認したら、可愛い写真だったから投稿したといいます。また、撮影したのは自分だから著作権があるといいました。確かに権利は友人にあるのかもしれませんが、私自身はとても嫌な思いをしています。何とかならないでしょうか？

A 誰もがスマホを持ち、誰もが写真を撮れる時代になりましたが、撮る側も撮られる側も、撮影行為と撮影した（された）写真の公開とは、まったく別物だという意識が不足しています。

「肖像権」という言葉は正式な法律用語ではありませんが、他人の肖像（顔・姿・形）を無断で許可なく撮影したり、公表したりすれば、民法七〇条の「不法行為」となり、賠償責任を負うことになります。

撮影した者が、撮影の許可をもらって撮影した写真をネット媒体に投稿したら、肖像権侵害の「不法行為」となります。

ホームページやブログ、不特定多数が参加するＳＮＳやフェイスブックなどは、許可がなければ無断使用となります。

この場合は、友人が投稿した先から拡散して、他の媒体でも公表されるようになったので、その友人に責任があり、肖像者からの請求があれば、速やかに削除しなければなりません。また、確かに著作権は撮影した友人にありますが、写されている肖像者の許可がない場合、公表はできません。同じように、撮影した著作者の許可がなければ、肖像者であっても勝手に公表することができません。写真や映像には、「撮る者」と「撮られる者」両者の権利関係があり、両者からの使用許諾がなければ勝手に公開することはできません。

33 著作権って何ですか？

Q 私が撮影した楽しそうな子どもたち一〇人の集合写真があります。家族同士のピクニックで皆さんの同意を得て撮影し、帰って来てからプリントして全員に配りました。その後、差し上げた知人が自分のホームページに掲載しました。そしたら、集合写真に参加した子どもの親からクレームがつき、私を訴えるというのです。皆さんから同意を得て撮影して、好意で記念にプリントまで差し上げたのに困っています。また、撮影した私には著作権があると思うのですが、どのように対処したら良いのでしょうか。

A 撮影した人には自動的に著作権という権利が生まれます。

著作物（著作権のあるもの）には、他人に差し上げたり（譲渡）、貸したり（貸与）、売ったり、買ったりするという財産的な権利がある反面、人格的（他人を傷つけてはならない）な権利もあります。

同意を得て撮影して、好意でプリントし、関係者に差し上げた行為には何ら問題はありません。問題は、知人が無断でその写真を自分のホームページに掲載したことです。ここでの同意とは、集合写真を撮るという同意のみです。

その集合写真を勝手に掲載した人は、「著作権侵害」及び、ホームページに掲載されている子どもたちの「肖像権侵害」を犯したことになります。

この事実を知らないため、撮影したあなたにクレームをつけてきたのでしょうが、撮影した著作権者として、あなたは知人に対して、削除する申し入れをしなければなりません。

34 送信化権って何ですか？

Q 撮影したときにきちんと同意を得て、子どもたち二〇人で集合写真を撮りました。その写真を子ども会の会報とホームページに載せたら、その中の一人の親からクレームがつきました。クレーム内容は「会報は承諾したが、ホームページの掲載は同意していない」というのです。もともと会報とホームページの内容は連動して同じものを掲載し続けています。それに、二〇人の子どもたちと保護者全員に同意を得て、載せているわけですから一人だけのために集合写真が使えなくなるというのは困ります。どうしたらよいでしょうか。

A 会報などの印刷媒体と、ネットを使用するホームページでは、まったく異なる権利です。会報に掲載の同意を得たとしても、ホームページ上での掲載には、改めて同意が必要となります。会報や印刷媒体の場合は、有限（限定配布）となりますが、ホームページ等のネット媒体のほとんどが無限（不特定多数）を対象としたもので紙媒体は「著作権」、ネット等の媒体は著作権の中にある「送信可能化権」という法律で保護されているものです。

会報とホームページがリンクしているということですが、撮影時に「広報物及びホームページ」二つの媒体への掲載許諾を得る必要があります。

また、二〇人の子ども及び保護者全員が許諾していなければ、たとえ一九名が同意していたとしても載せることはできません。

35 著作者人格権って何ですか？

Q 子どもが撮影した写真が動物のポスターコンクールで入賞しました。子どもは大喜びでしたが、出来上がったポスターを見てがっかりしていました。それはデザイン編集の問題なのでしょうか、元の写真と違っていました。いくら子どもの写真とはいえ修正する場合はせめて確認が必要と思うのですが……。主催者側に問い合わせたところ、「入賞作品の著作権は主催者に帰属する」と記載してある通りデザイン上の処理のため修正をしたといいます。これはこのままでしかたがないのでしょうか？

A 最近のコンクール、コンテストなどに共通している条件として、「入賞作品の著作権は主催者に帰属する」という一文があります。

これは、著作者が著作権を主張できないようにするための方法の一つです。

以前はコンクール等に投稿した場合、入賞作品だけでなく、「すべての投稿作品は主催者に帰属する」と記載されていたようですが、入賞しなかった著作物（作品）を本人が自由に使用できなくなる恐れがあるため、「入賞作品」と限定するようになりました。

しかし、著作権は譲渡しても、作品には「著作者人格権」という権利が残されています。

それは、「著作者に許可なく勝手に改変してはならぬ」という法律で、著作者自身の一身属性のもので、著作権は譲渡できたとしても、「著作者人格権」は譲渡できないことを示しています。これを「同一性保持権」といいます。

小さな子どもであったとしても、お年寄りであったとしても、人の創作したものすべてに付与されているものが「著作者人格権」です。

この著作者人格権は、「何人も他人を傷つけてはならない」「人の創った著作物（作品）」を勝手に修正したり、改変したりしてはならないという意味です。

ですから、広報上、印刷上、改変や修正が必要であったとしても、無断で変えてはなりません。コンクール等の主催者は、必ず本人の必可を得なければならないのです。

第4章

ネット・トラブル対策

36 日常生活の中でのネットの防犯知識

Q 子どもたちにはスマホやネットの危険性を伝えたいのですがどのように言えばいいのかわかりません。子どもたちだけでなく親である私たちにも危険に巻き込まれる可能性があると思います。「さわらぬ神に祟りなし」というように触れなければ安全だと思いますが、スマホの機能はとても便利なもので必要不可欠の時代だと思います。どうしたらいいのか教えてください。

A ネットの世界だけではなく、悪い人は世の中にたくさんいます。
私たちの子ども時代を想い出してください。
家を出るときは必ずカギをかける。
火の元を確認する。
知らない人に声かけられたら逃げなさい。
知らない人に付いて行ってはいけない。
知らない人からものをもらってはいけない。
人の物やお金を盗んではいけない。
人に借りたものはきちんと返しなさい。
人にものを頂いたら親に報告しなさい。
変なものは食べてはいけない。

危険な場所に行ってはいけない。

車には気をつけなさい。

人に怪我をさせないように気をつけなさい。

と、誰もが教わってきました。


スマホやインターネットを使うツール（道具、具体的にはケータイやスマホそのもの）があるかないかだけの違いで、スマホを使用するためのルールを学ぶことは、車や自転車で事故を起こさないためのルールを学ぶことと同じだと考えるとわかりやすいかもしれません。

スマホの「パスワード」は、「玄関のカギ」です。

スマホは一定時間操作をしなければ、その画面は消えます。再起動するための電源を入れれば誰でも開くことができ、勝手に開かせないための暗証番号もあります。

暗証番号を入れることによって、「起動ロック」や「操作ロック」と呼ばれるカギが開きます。

子どもに限らず、スマホを失くしたり、他人が勝手に悪用する恐れのある場合、ロック（カギ）をかけてあれば、勝手に利用できないので安全です。

ロックを設定していない人は、玄関のカギが空きっぱなしの状態と同じですから、特に子どもたちのスマホには最低限必要な安全対策として必ずロックを掛ける必要があります。

まずはスマホを持たせるわけですから、まずそこから注意していくべきです。

37

知らない人とは接しない

Q 子どもたちはフェイスブックやSNSで楽しみながら遊んでいます。なかでも初めて知り合う友だちであっても、趣味が合ったりするとすぐに溶け込み、簡単に友だちになります。街行く見知らぬ人には声もかけることができないのにネット上だとお互いの顔（性格）もわからないためか安心しきっているように思います。このような関係のままでよいのでしょうか？

A お互いの顔がわからないから安心。

とても怖いことです。

相手も怖いかもしれませんね。

お互いがわからないから安心……？　ちょっと変ですよね。

「私は友だちができません。でもフェイスブックを始めたら大勢の友だちができて、とても嬉しく思います」という人が大半かもしれません。

メールやフェイスブックでは、相手がどんな人なのかよくわからないため、実際に会ってみたら、それまでのイメージとは違い過ぎていて、会わなければよかったという人もいます。

「ネットの世界」と「リアル（現実）の世界」は、まるで違うということを理解する必要があります。

「実際に会ったときのあなたが本物なの？　ネット上のあなたが本物なの？」と言う人がいますが、どちらも本物であることに間違いありません。

「ネットの世界」は本音で言いたいことを言えて、実際に会った場合は本音を言えないという人も多くいます。また、いくら本音が話せる世界だからといって、本当の姿を見せている人がどのくらいいるのでしょう。

男女関係などがよい例かもしれません。

きつい言い方をすれば、お互いが互いに良い顔を見せ合ってるだけです。

脅かしたりすれば、会う気など起こりません。

乱暴な言葉を放つ人に誰もが会おうとは思わないでしょう。

それでお互いが理解し合って、分かり合うというのは不可能でしょう。

「リアルの世界」でこそ、お互いの本当の姿がわかるものです。

「ネットの世界」は、お互いがいい顔ができる作られた世界でもあるからです。

38 迷惑メール、営業メールにも返事をしない

Q 買い物したり、登録する機会が多いせいか子どもたちのケータイやスマホにさまざまな案内メールや情報が一方的に流れてきます。「迷惑メール」に「お断りメール」を送ったらさらに迷惑メールらしきものが増えてしまいました。困っています。

どうしてもメールが来ると返信してしまいます。返信をしなければ相手に失礼のような気がしてしまうからです。最近はどこのお店に行っても登録を誘われます。登録することによってバーゲン情報や新着情報、特典、会員証などの役割をします。そのため、営業メールが増えるようになってしまいました。子どもたちも会員証代わりに利用しています。どんな危険があるのか不安です。

A 頼んでもいないのに勝手にメールが届く。

メールをしている人には必ずあることです。このように一方的に送られてくるメールが「迷惑メール」です。

ネットの世界では、一瞬にして世界中に情報が流れてしまうのですから、おかしなメールもたくさん入ります。行ったこともない外国からのメールも同じです。ネット上で一度でも買い物をすれば「類似商品」などの案内が届きます。

「迷惑メール」が届いたとき、「必要ありません」「メールを送らないで下さい」などと返信するのは止めた方がよいでしょう。

迷惑メールに出ているサイトに訪問すると、詐欺やウイルスに感染する恐れもあります。

どちらにしろ、知らない人からのメール返信は止めることです。

相手は送った先の人のことなどわからず、無差別に送りつけているわけですから、失礼なことでもあり、恐ろしいことでもあります。

メール送信者は、そのメールを実際に見てくれているかどうかわかりません。そのため、返信があれば見たと解釈します。

見たのであれば、何かしらの情報を送り続ければ、必ず見てもらえると判断します。そして、返信されたメールアドレスは、他の業者間で売買され、新たな「迷惑メール」となって無断送信を繰り返すのです。このように「迷惑メール」に返事をすればするほど増えていくので「迷惑メールには返信しない」で黙って削除という意識をもつことが必要です。

39 間違いメールにも返事をしてはならない

Q よく間違い電話や間違いメールが来ます。相手が困るのではないかと思い、そのたびに返信して間違いを伝えています。しかし、それから御礼のメールが来たり、何かしらのメッセージが入るようになりました。こうしたメールは無視した方いいのでしょうか。

A 「間違いメール」も怖いものです。

「明日の午後五時に東京駅八重洲口の改札口でお待ちしています」という間違いメールが届くと、送信者は着信していると安心しているでしょうが、待ち合わせの相手が困るのではないかと、つい余計なお世話をしたくなります。「送信先を間違えていますよ」と返信をすれば、自分の個人情報が見知らぬ相手に伝わってしまいます。

「○○さんがお亡くなりになりました。葬儀は○日午後六時からです」という間違いメールも、受け取った方は、届かなかった人が困るのではないかと考えて返信しがちです。

しかし、間違いメールをしてきた知らない人には返信しないことです。間違えたふりをしてメールを送るという新たな「迷惑メール」があるからです。

このように、「知らない人からのメールはすべて無視・削除する」ことです。

また、「なりすまし」の場合もありますから、重要なことは必ず自分から相手の人に確認する習慣をつけましょう。

40 チェーンメールに手を出さない

Q 子どものスマホにチェーンメール（不幸の手紙）が入り、相談されました。子どもは内容が怖くて怯えています。また、ゲーム参加型のチェーンメール（クイズ等）も届いています。無視すれば良いでしょうか？

A ひと昔前に、「不幸の手紙」というものが流行りました。ハガキや封書で一方的に送られて来ました。手紙の中身は、「この文面を誰かに送らないと不幸になる」という内容です。何やら恐ろしくなり、文面に書かれている通り知らない人に送り、送られた人がまた他の人へ送り続けていく。

手紙をもらった人は、どうして自分にこのような手紙が来たのか？　どうやって自分の住所を知ったのか、と不安になります。

このように、昔はハガキや封書を利用して送ったものが、今ではメールで簡単に送信することができます。

ここでの注意点は、「他に転送させることを目的」としたメールは、どんな内容でも一切無視することです。そのまま放置しておくのは薄気味悪いですから、すぐさま削除することです。

相手は無差別に送信していますから、そのチェーンメールが読まれたかどうかについては関心ありません。返信さえしなければ何も怖いことはありません。

41 実名は出さない

Q 子どもに実名を出さないように教えました。しかし、皆が実名を入れなくなるとさらに混乱を招き、不安になりました。また、実名を出さないことによりお互いが言いたいことを何でも言うようになり、トラブルが多くなったような気がします。メル友関係にどう対処すれば良いですか。

A 自分の実名を出さない、友だちも実名を出さない。
少人数だけのメールやLINE、フェイスブックでも危険はありますが、不特定多数のSNSの投稿サイトや個人のブログやホームページは、なるべく「ニックネーム（愛称）」だけが良いと思います。

本名やニックネームだけでも心配な人は、必ずお互いが確認できる「暗号（本人確認）」も必要でしょう。

42 フィルタリングの必要性

Q 子どもたちには「フィルタリング」が必要だと言われました。フィルタリングとは「見たくない、見せたくない」ものを選択して排除することだと言いますが、子どもが中学生を卒業した頃に解除すれば良いのでしょうか。いつまでその状態を続ければ良いのでしょうか。

A サイトの世界は次々と変化し続けています。

暴力、いじめ、喧嘩、虐待、アダルト、出会い系、宗教、思想、エログロ・ナンセンスもの、残酷ものがあり、普段、テレビや新聞、雑誌では見られない情報が溢れかえっています。

このような成人向け情報は、教育上、子どもたちには見せたくないものばかりです。だからといって、禁止すればするほど見たくなる好奇心の旺盛な思春期の心理も生まれます。

また、見ようと思わなくても検索していると、必ずそのようなサイトに出合います。

このような場合に「フィルタリング」を使えば、見たくない情報、見せたくない情報を取り除くことができます。そのための「サイト閲覧用フィルタリング」というものがあります。

「パソコンサイト閲覧用フィルタリング」と「プロバイダーフィルタリングソフト」、通信会社の「フィルタリングサービス」があり、ドコモ「アクセス制限サービス」、ＫＤＤＩａｕでは、「ＥＺ安心アクセスサービス」、ソフトバンク「WEB利用制限」などがあります。

迷惑メールのフィルタリング「迷惑メールフィルター」は、自動的にメール内容をチェックし、迷惑メールだとわかれば、迷惑メールを保存するフォルダーに分類し削除してくれます（ただし完璧ではありません）。

パソコンを持っている人ならば、「ウイルス対策ソフト」を使用しているはずです。そのソフトには、「サイト閲覧フィルタリング」の機能が付いているはずですが、子どもたちが使用するパソコンには、その機能が設定がされていないことが多いのですが、設定費用はかかりませんのでご利用をお勧めします。

設定解除の時期は、中学生を卒業する時期が良いと思いますが、受験を控えている場合には検討が必要でしょう。

43 不明瞭な請求は警察へ

Q 子どもに突然請求書が送信されてきました。子どもに聞いたら覚えがないと言います。しばらく無視していたら何度も請求が来るようになりました。どうしたら良いのか悩んでいます。

A 突然、身に覚えのない請求が添付ファイル付きで送信されてきたことがあると思います。「出会い系サービス」など利用していないのに、聞き覚えのない「債権回収代行業者」から請求が送信されてきます。

そのまま放置していたら続けざまに請求が送信されてきて、恐ろしくなった、というケースが増えてきました。

身に覚えのない請求は、一切支払う義務はありませんし、怖がる必要もありません。また、連絡や確認のための返信は一切しない方がよいでしょう。一度でも返信したり、金品を支払えば、さらに要求される恐れがあります。

例えば、一〇〇〇円の請求が来ると、身に覚えがないのに不安だからと一度支払ってしまえば続けざまに請求が来るようになります。相手は一度支払ったのだから、非を認めて支払ってきたと勝手な解釈をします。

「請求メール」を証拠として保存し、不安であれば「消費者生活センター」や「弁護士」「警察」に相談に行くようにしてください。

警察には「サイバー犯罪相談窓口」があります。

44 過激な発言は攻撃の的

Q 子ども同士がネット上で口喧嘩となりました。そこに知らない子まで参加して収拾がつかなくなってしまいました。友だち二人だけの口論でしたが、今では一〇人以上に増え続けています。喧嘩をしたのは二人の子どもです。どうすればよいのでしょうか?

45 「なりすまし」に気をつける

Q 中学生の息子の名前でフェイスブックやSNSで息子の友達の悪口を言う人がいます。その掲示板に「この人は僕のなりすましだ」と発言したら、さらにエスカレートしてしまいました。息子の友だちの実名を出して、悪口を言い続けるため息子は学校に行けなくなってしまいました。このような場合、どのように対処したら良いのかを教えてください。

A 匿名だから安心、ということはあり得ません。匿名という自分一人だけの世界に浸り、快感に溺れて言いたいことを言う人がいます。アンケート調査などでも、実名と匿名とでは、書かれている内容がまったく違うことがわかります。

子ども同士が匿名で口喧嘩し、そこに知らない人たちがこれまた匿名で参加し、互いが罵倒し合い収拾がつかなくなります。皆が匿名ですから言いたい放題です。

「匿名掲示板」というものがあります。言いたい放題、好き勝手なことを書き込んだり、他人の悪口や批判で自分のストレスを発散したり、嘘の情報を流したりする人もいます。しかし、匿名掲示板であっても、警察が犯罪捜査を目的とした場合は、書き込んだ匿名者が誰であるか調べられてしまいます。ですから、完全なる匿名者は存在しません。

A

SNS、フェイスブック、LINE、ブログ等での発言には細心の注意を払う必要があります。掲示板など不特定多数の人たちが見れるものは、匿名であっても特に注意が必要です。

他人の批判や悪口は、言われた本人はもちろん嫌なものですが、他人であっても嫌悪感を感じる場合もあります。威張ったり、虚勢を張ったり、自慢したり、他人を傷つける発言、相手の実名を出して文句を言ったりすれば、不快に思う人たちは一斉に攻撃体制に入ろうとするかもしれません。度が過ぎれば「炎上」にもつながります。ですから、ネット上では公開する言葉は選ばなければなりません。

ご質問の「なりすまし」に関してですが、ブログや掲示板の管理者に掲示板からの削除、掲載停止を申し入れることもできますが、実際には、どこまで協力してもらえるかはわかりません。

あまりにも酷い（精神的苦痛、物質的被害）状況下であるならば、すぐさま警察に相談することです。また、「ネット上での〈なりすまし〉は止めてください！」「私〇〇は〈なりすまし〉で困っています」「法的処置を取りますよ！」「警察に相談します！」と書き込むことは、その状況に対応してきた証拠として残せますし、残しておく必要があります。

46 あやしいサイトには近づかない

Q

有名な通販サイトなのに嘘のサイトでした。当然、それを放置している有名サイトに責任があると思いますが、本物か偽物かを見分けるのがむずかしいのです。このようなネット通販サイトの場合、被害に陥りやすいと思いますが、防ぐための良い方法はありますか？

A 新聞やテレビの広告には、広告内容の審査があり、不適切な表現や虚偽の広告を出すことができないようになっています。ネット通販が自身でサイトを運営している場合、特定商取引法による規制はあるが外部の審査がありませんので、自由に商品広告を載せることができます。ですから、禁止されている表現や法を犯すような商品までも出回っています。特に怖いのが健康食品関係です（薬事法違反のもの）。

ご質問のように、実際に本物か偽物かを見分けることはできませんが、内容や表示を充分に確認し、自らがネットで調査し検討するくらいの考えも必要です。

47 子どもにはQRコード（二次元コード）を読み取らせない

Q 子どもがビデオやゲーム、CDショップの会員になるためQRコード（二次元コード）を利用しています。また、新聞や折り込みチラシにもQRコードがあり、何か危険な匂いを感じます。何を注意させれば良いのでしょうか？

A QR（二次元）コードはご存知だと思いますが、スマホのカメラで撮影して読み取る機能で横列に並ぶ点の集まりのコードです。電話やメールの送信先、情報内容などがわかります。

QRコードで読み取れば文字入力の手間が省け、簡単に情報登録ができます。最近はお店の会員証の登録などにも利用されています。

コードだけでは情報内容がわかりませんので、子どもたちが自由にQRコードをスキャンするのは避けた方が良いと思います。簡単で面白いからと自由に読み取らせてしまうと、トラブルに巻き込まれる恐れがあります。

特に「有料サイト」に登録してしまうと、あとで高額請求されることもあるので注意が必要です。子どもたちには必ず親の許可を得てからという基本的なルールが必要です。

48 自分や他人の個人情報を載せない

Q 子どもたちがお互いのメールアドレス、LINE交換をしています。一人でも大勢の友達との会話を楽しんでいるようです。でも、自分の情報も友だちの情報も安易に知らせているようです。何をどう注意すれば良いのでしょうか？

A 個人情報とは、「他人に知られたくない、知らせたくないものすべて」の情報を言います。一般的に個人情報というと、趣味であったり、好みであったり、家族関係や友達関係のことと思いがちですが、「氏名、年齢、生年月日」「住所」「電話番号」「メールアドレス」「通帳番号、暗証番号」「顔写真」など「生存している人の特定のもの」に触れる問題はすべて個人情報です。

それ以外に「プライバシー権」があり、個人情報とリンクする部分もありますが、同じく他人に知られたくない権利として、友人間、家族間などの秘密や他人に知られたくないプライベートな病気などの個人情報は存在しています。

ですから、信頼できる人同士の間でのフェイスブック、LINEやメールなどは良いと思いますが、大勢のメンバーとなると注意が必要になります。その場合もお互いのルールを作る必要があります。

LINEなどは五〇〇人まで可能なので、プライベートな内容や個人情報など一瞬に筒抜けとなってしまいます。

例えば、数人の友達同士で遊びに行く話をした場合、どうして自分には声がかからないのだろうとか、グループの中には仲の悪い子たちもいるかもしれません。ですから、この場合のルールとして、「人に知られたくないこと」「知られては困ること」は絶対に載せないという友だち間のルールも必要になるでしょう。

49 ネットアンケートには要注意

Q 「ネットアンケート」に答えるとお金がもらえたり、景品がもらえるコーナーがあり、今日は一〇〇〇円稼いだとか、三〇〇〇円儲けたとか、子どもたちに話題になっているそうです。大丈夫でしょうか？

A パソコンやスマホなどに突然、「アンケート調査のご協力のお願い」「本日申し込むと記念品がもらえます」「回答者にはもれなく現金を」などのメールが届きます。しかし、ネットアンケートは怖いものです。

人は距離感のあるメッセージだと、なぜか安心してしまうようですが、自宅に訪ねて来て、対面でアンケートをとる人が来た場合はどうでしょう。恐らく、誰でも多少は用心して緊張します。メールによるメッセージは対面ではありませんから、その用心の箍《たが》が外れてしまうのです。どのアンケートも「当会はあなた様の情報を特定の利用以外に使用しません」と記載しているようですが、そもそもそのようなアンケートをとりに来ること自体、そのことに関する情報がすでに流れ、利用されている証拠です。

アンケートは個人情報のかたまりですから、利用されるという前提で考える必要があります。

50 もう一つのメールアドレスを持つ

Q 「迷惑メール」が後を絶ちません。子どもだけでなく大人にも迷惑メール、不明なメールが送信されてきます。特に外国からのメールが多く送信されてきます。どうしたら止めることができるでしょうか。

A 「迷惑メール」が届くのは、その情報が勝手に流通してしまっているからです。本やCD、DVDを買うだけでも不必要な宣伝メールが届きます。
ですから、「プライベートなメールアドレス」と「迷惑メール用アドレス」のように、いくつかのアドレスを持つとよいでしょう。

企業は「ビジネス用のメールアドレス」を持っているように、個人であってもアドレスが複数あってもかまいません。

メールアドレス情報は悪用されやすく、利用別に分けて使用することをお勧めします。あまりにも迷惑メールが多くなるようでしたら、そのアドレスを停止して、新たに専用のアドレスを取得されたらいかがでしょうか。

プロバイダーにもよりますが、一つの契約で複数のアドレスを無料で取れるようになっているはずです。毎日一〇〇通から二〇〇通の営業メールがある人は、削除作業だけで疲れてしまいます。

51 個人情報の漏えいを確認する

Q 子どもの名前をネットの検索エンジンでチェックしたら個人情報が出回っていました。住所、氏名、生年月日、趣味や学校名、友だちの名前まで出ていました。どうすれば解決できるのでしょうか?

A 行政機関や大手企業の個人情報漏えいが世間で騒がれている時代ですが、膨大な情報でも一瞬に持って行かれてしまいます。また、子ども会、趣味のグループ、NPO法人、市民団体など、プライベート色の強い団体の情報も売り物になっています。

ＮＰＯやボランティア団体のように非営利で、営利を目的としていない組織や団体は、ホームページ上に個人情報を気軽に載せているところも多く、知らぬ間に加害者のお手伝いをしているような状況になっているとも言えます。氏名、年齢、住所だけでなく、子どもの写真や映像などを掲載しているところもあります。

そこで、自分に関する個人情報がネット上でどのように漏えいしているかを簡単に見てみようと思います。

例えば、自分の「氏名」を入れます。そこで自分に関する何らかの情報が出れば、出所元が判明します。

「住所」を入れ、画像検索すれば、その住所の画像が出ます。

グーグル（google）を利用すれば、その住所の航空写真か、建物画像がわかります。

「電話番号」を検索すれば、氏名や団体名、会社名などが出ます。

グーグルの場合は勝手に画像を撮っていますが、それ以外はネット上で掲載された情報などからです。場合によっては、自分の顔写真が出ることもあります。これらを本人が許可していないとしたら、何らかの情報漏れか、誰かが勝手に情報提供して掲載されていることになります。

公開していないサイトやＳＮＳ、写真、アルバムなども、それらを扱っているサイトにあるキーワード（言葉やファイル名）や、関連した言葉のキーワードで検索すると、さらに調べやすくなります。

そして、自分にとって不本意な扱い方、納得できない扱い方、無許可での掲載などを発見したら、「公開の停止」を管理者に伝えて調査してもらいましょう。それでも不明な点は、53「ネット・トラブルの相談先を「お気に入り」に登録する」を参照し、相談してみてください。

52 ネット上の安全対策

Q 子どもたちに、使っていいサイトと駄目なサイトを教えるにはどうしたら良いでしょうか？二四時間、子どもたちを監視することもできませんし、どのようなルールが必要でしょうか？　一番に約束すべきルールを教えてください。

A みんながスマホを持っていて当たり前の時代に、あえて持たせないという考え方もあるかと思いますが、一度与えたスマホを子どもたちから取り上げることはできないでしょう。

確かに、スマホは扱い方を誤れば、車の運転と同じように自分の命や他人の命を一瞬に奪う凶器になるかもしれません。だからといって、今、すぐにこの社会から無くすこともできません。

車もスマホも、わたしたちの生活に欠くことのできない必需品になっています。

どちらも便利な反面、扱いを誤れば危険と隣り合わせの必需品でもあります。

交通ルールがあるように、スマホにも扱う上でのルールが不可欠なのではないでしょうか。

交通ルールを守れなければ罰則が科せられるように、スマホを扱うためのルールが守られなければ、やはり罰則を科せられるのです。

高速道路でのあおり運転が問題になっているように、運転を誤れば、車は人を死に追いやる凶器となります。ネットで不特定多数とつながるスマホも、プライバシー侵害行為や陰湿なネットいじめ、誹謗や中傷、虚偽の喧伝で人を傷つけ、人を死に追いやることがあります。

そこで大人はもちろんですが、子どもたちを護るためのルール作りが必要になります。

まず初めにしなければならないことは、使用者はスマホ中毒にかからないように気をつけることです。

夕食の最中でも、家族それぞれがメールやLINE、フェイスブック、SNSなどをしています。

それではルールを守ることは難しいですね。何事もそうですが、親が子どもの手本となるように心がけてください。ルールは押し付けでは守れないものです。そして、初めが肝心です。

ルール作りの時期は、スマホを買うとき、または買い換えるときが良いでしょう。

家族間のルール作りをそれぞれのご家庭で考えてみましょう。


〈ルール例〉

(1)フィルタリングの活用(小学生まで)を考える。
(2)利用時間の設定(親も利用時間を決める)する。
(3)いじめやトラブルに巻き込まれた場合の対処法を考える。
(4)スマホに限らず、親子が常に話せる場をつくる。
(5)困ったときの「相談先」を確認し合う。
(6)家族の間でもそれぞれの個人情報を勝手に扱わない。
(7)写真や動画及びプライバシーの扱いをお互い確認し合う。
(8)毎月かかる料金を定期的にみんなで確認し合う。
(9)ネット社会の権利・義務関係をみんなで学ぶ(著作権、肖像権、プライバシー権、個人情報保護法など)。
(10)トラブルに巻き込まれたら一人で悩まずにみんなで考える。

53 ネット・トラブルの相談先を「お気に入り」に登録する

Q ネット上のトラブルや困った場合の連絡先がわかりません。他の人たちはどのように問題を解決しているのでしょうか？　相談先があれば教えて下さい。

A ネット・トラブル相談窓口リンクがあります。次の連絡先を保存し自分の「お気に入り」に登録しておけば、困ったとき、トラブルに巻き込まれたときの相談先になるでしょう。

■警察庁：インターネット安全・安心相談
http://www.npa.go.jp/cybersafety/

■警察庁：サイバー犯罪対策プロジェクト
http://www.npa.go.jp/cyber/

■各都道府県別相談（サイバー犯罪）
https://www.npa.go.jp/cyber/soudan.htm

■文部科学省
「24時間子供ＳＯＳダイヤル」　0120-0-78310
http://www.mext.go.jp/ijime/detail/dial.htm

■総務省電気通信消費者相談センター

http://www.soumu.go.jp/main_sosiki/joho_tsusin/top/madoguchi/tushin_madoguchi.html

■法務省　人権侵害の窓口

http://www.moj.go.jp/JINKEN/index_chousa.html

■インターネットの人権相談

http://www.gov-online.go.jp/useful/article/200808/3.html

相談できる内容：インターネット人権相談受付、みんなの人権１１０番など、人権相談窓口があります。インターネットによる人権侵害のほか、様々な人権問題についても相談を受け付けています。

■全国共通人権相談ダイヤル（みんなの人権１１０番）

電話：0570-003-110（ゼロゼロみんなのひゃくとおばん）

最寄りの法務局につながります。

■子どもの人権１１０番

電話：0120-007-110（ぜろぜろななのひゃくとおばん）

「いじめ」や虐待など子どもの人権問題に関する専用相談電話です。

■女性の人権ホットライン

電話：0570-070-810（ゼロナナゼロのハートライン）

女性の人権問題に関する専用相談電話です。

■内閣府

児童虐待、いじめ、ひきこもり、不登校についての相談窓口

http://www8.cao.go.jp/youth/soudan/

■国民生活センター
http://www.kokusen.go.jp/map/
相談できる内容：消費生活全般に関する苦情や問い合わせ。高額請求、ネット詐欺など

■違法・有害情報相談センター
http://www.ihaho.jp/
相談できる内容：インターネット上の違法有害情報相談窓口

■迷惑メール相談センター
http://www.dekyo.or.jp/soudan/
相談できる内容：迷惑メール全般

■セーフライン／一般社団法人セーファーインターネット協会
http://www.safe-line.jp/

■インターネット・ホットラインセンター
http://www.internethotline.jp/
相談できる内容：インターネット上の違法・有害情報の通報受付窓口

■一般財団法人インターネット協会
http://www.iajapan.org/hotline/dantai/1-039.html
相談できる内容：インターネットのルール＆マナーに反すると思われること

■著作権情報センター／著作権相談室
http://www.cric.or.jp/counsel/index.html#soudan
相談できる内容：著作権全般

■web110

http://www.web110.com/

■google情報削除の通報フォーム

https://support.google.com/websearch/troubleshooter/3111061?hl=ja

検索結果から削除してもらう場合の通報フォームです。必ず削除されるとは限りませんし、元のサイトの情報はそのままです。元サイトが削除されなければ、さらなる情報拡散もあり得ます。

■Twitterの不適切画像の報告窓口

https://support.twitter.com/forms/cse

54 ネット・トラブルを避けてスマホを楽しむ活用法

なりすまし

私は「なりすまし」をしてスマホを利用しています。

「なりすまし」という言葉は何か怪しげなようですが、これも身を守る方法の一つだからです。

ただし、他人の名前を使用しているのではなくペンネーム（スマホ上のニックネーム）にしています。

それは、どうしてかというと、私の情報が勝手に利用されてしまうからです。誰かがスマホを購入するたびに私のＬＩＮＥには、私の意思に反して「新しいお友だちです」という勝手な紹介をされてしまいます。

中には知られたくない、付き合いたくない、友だちになりたくない人もいますし、昔、喧嘩して付き合いをやめている人までお友だちになってしまうからです。

実名で拒否した場合はトラブルになる場合がありますが、私の場合「なりすましネーム」ですから誰をも傷つけないようにしています。

他の人たちは、昔の友だちや知人を懐かしみ、すぐさま連絡したりする人もいますが、私は自分の意志で友だちや知人を決めたいからです。ですから、すぐさまブロックか削除するようにしています。

友だちは選ばれる権利もありますが、選ぶ権利もあるからです。

スマホを利用して困ることは、個人情報が漏れてしまうことです。

同じＳＮＳでも非実名で利用できるものにし、ＬＩＮＥや無料通話などは信頼できる人には実名で知らせています。実名で公開するＳＮＳとしての代表格がフェイスブックやインスタグラムなどの投稿です。投稿ごとのアクセスに制限がありますが、実際にはその制限を超えて拡散されてしまう恐れがあるものです。

つまり制限があると安心して利用しても、その情報は人の手から人の手へと簡単に拡散できてしまうからです。ですから、フェイスブックは使い方を誤るとすぐにトラブルになります。

私がそれらを嫌う理由は、実名でＳＮＳに投稿することにより、「いいね」を押した写真の一覧や、過去のコメントの一覧などの条件を指定するだけで、友人関係、家族関係、趣味、位置情報なども簡単に特定されてしまうことです。

「別に悪いことをしていなければかまわない」と考えている人も多いのですが、悪いことをしていなくとも、「悪用される恐れ」があるからです。

画像の怖さ

現在のところ、スマホのトラブルは無限に拡がり、留まることを知りません。その理由は、個人情報（プライバシー）に対する意識の低さにあるのかも知れません。

私はトラブルになっていないので放置していますが、私の肖像写真がネット上で誰もが閲覧できています。残念ながらどなたにも許可を与えていません。今のところ、悪用されているわけではありませんが、訴えることまで考えていません。しかし、肖像写真のトラブルが一番多いのです。

誰もが自分の写った姿は嫌なものです（好きな人もいますが）。使われている写真が自分の気に入ったものであれば良いのですが、写りが悪かったり、人相が悪く写っていたり、恥ずかしい写真であればすぐさま削除してもらいたい、と思うはずです。

どなたが見ても美しい女性であっても、本人にとって自分の目が嫌いだったり、鼻の形が嫌いだという人もいます。

このように肖像写真はかなりの配慮が必要となるものです。

しかし、現実はフェイスブック、インスタグラム等の投稿写真で人物の写真は花盛りだといえます。

特に問題なのは「集合写真」です。一〇人の集合写真であれば、一〇人の集合者から投稿するための許可が必要になるのですが、ほとんどが許可なしに投稿しているからです。

最近の出来事ですが、写真に我が子の可愛らしい姿が投稿されていますが、その子どもたちの写真が売買されているのです。確かに子どもたちの写真は可愛らしいものですが、それを買う他人の存在というものを不気味に思うのは私だけでしょうか。

また、自分の姿が自分の意と反した利用のされ方をしていた場合、どうすれば良いのでしょう？　例えば、意と反する政治団体や思想団体、宗教団体のサイトに自分の姿が写っていたらどうでしょう？　それを見た人から誤解される恐れもあります。

裁判の怖さ

私たちは、不本意に扱われている個人情報（プライバシー）の悪用やネットいじめ、多くの様々なトラブルに対してどのように対処、戦ったら良いのでしょうか？

警察や弁護士さんに相談して対処する、というような本も出まわっていますが、現実にはそれでどこまで満足のいく解決ができているのか誰もわかりません。

ネットストーカーに対することでさえ、まだまだ解決にはほど遠い感じがします。

ある日、私に見知らぬ人から内容証明郵便が届きました。

郵便配達員の方から受け取りサインを求められ、引き換えに内容証明郵便なるものを手にしました。何か、重々しくそのまま封を開けますと、「通知書」と書かれ、一方的な言い分と一〇〇〇万円の請求と書かれ、七日以内に返答なき場合は裁判に持ち込むという内容でした。

私は呆然としました。まず身に覚えがありません。原告（相手）の名前すら知りません。別にお金を借りた覚えもありませんし、他人の連帯保証人をした覚えもありません。何も心当たりはないのです。

私は友人に相談し弁護士さんのところに相談に行き、事細かく説明しました。弁護士さんは「何も心配はいらない、あなたには非がないし充分勝てる！」、私はその言葉を聞いて安心しました。

また、テレビや映画で見たように弁護士さんは正義の味方だと思っていました。

それから、裁判が終わるまで、数年以上の年数が経ちました。

私は仕事が忙しいため、裁判所に行く時間がなく、また行きたくなかったのですべてを弁護士さんに一任しておけば安心だと考えていました。

しかし、第一回目の口頭弁論以外はすべての裁判に被告として出向くことになりました。

裁判はとても怖いものです。

何も悪いことをした覚えがなくとも、あの重々しい雰囲気、犯罪者になったような気持ち、宣誓書「私は一切の嘘偽りなく真実を述べる事を誓います！」を読み上げるときは全身が震えました。

私は弁護士の先生と顧問契約を結び、毎月の顧問料を支払い、裁判は地方裁判所で毎月続きました。

第一審は弁護士の先生の言うとおり勝訴しました。

私は成功報酬として顧問料以外の支払いを済ませこれで終了と考えていましたら、相手は控訴してきたのです。

そして再び今度は高等裁判所で裁判が続き、また勝訴しました。

相手はさらに納得できないという理由で第三審の最高裁判所へと裁判が続いたのです。もちろん、最高裁でも勝訴して裁判はすべて終了となりましたが、私が最高裁終了までに支払った費用は訴えられた一〇〇〇万円近い金額に膨れ上がってしまいました。

私は疑問だらけのまま弁護士の先生に質問しました。

「先生、せっかく裁判で勝っても、私には裁判費用の借金が残っただけでした。相手からその分を請求して何とか回収できないのですか」

「残念だが、相手には押さえる資産が何もない、収入もない、押さえようがない」といわれ、私は唖然としました。

勝訴しても得をしない「試合に勝って、勝負に負けた」としか言いようのない無念の心境と残された一〇〇〇万円の裁判費用の借金だけでした。


これが今の世の現実なのですね。この裁判を後から振り返ってみて、ある疑問が氷解しました。

この裁判は弁護士もつるんだスラップ訴訟だったのです。

相手は「起訴魔」と呼ばれる人で、ある情報をもとに見知らぬ人に内容証明を送りつけ裁判に持ち込むのです。大概の人は身に覚えがなければ無視をしたり、相手にしない人もいるようですが、その内容証明に返答がなければ自動的に裁判に持ち込み、さらに無視すれば、裁判所は財産を差し押さえる事ができるからです。

裁判所の差し押さえは簡単なものです。事前に通知がきますが、通知が届くまでの日数内にすべての預金通帳の現金をすぐさま差し押さえすることができるのです。こうなると闘う術はありません。

裁判に持ち込めば、この事例のように三審まで被告の勝訴で結審しますが、莫大な裁判費用のための借金が残るだけで、得したのは弁護士と原告だけなのです。

炎上

私の友人が「炎上」してしまいました。

ＳＮＳ（ソーシャル・ネット・ワーキング・サービス）として、ブログ、フェイスブック、ツィッター、インスタグラムなどインターネットに接続できれば誰もが簡単に自分の意見や情報を発信できる時代になったことにより、ネット上はある意味、無法地帯ともいえます。

ネット上では、悪口、悪評、悪ふざけ、罵詈雑言、批判、批評、デマカセ（噂）、フェイク（嘘）だらけです。

たったひとことのつぶやきで会社が倒産する場合があります。政治家の油断した発言なども同じかもしれません。言葉ひとつで、簡単に信用を失ってしまうことがあるのです。

私の友人の会社の悪口があるサイトで出回りました。最初は無視していたのですが、無視すればするほどその悪口が広がっていくのです。

そのうち、名指しでそのサイトで「意見を言え、言えない場合はそれらを認めたこととする」、といった書き込みまで現れ、無視できなくなりました。

無視できなくなった理由としてもう一つあります、それは、取引先や知人たちもその内容を知りエスカレートすることに心配してくれたからです。悪口をいう相手はわかりません。

もしかすると同業者か私の友人に何か恨みを持つ者なのかもわかりません。

友人は、重い腰を上げて、「一切のデマであり、当社としては批判されているような不正なことはありません」と、そのサイトで意見を表明しました。

しかし、嫌がらせ攻撃は続きます。

友人はそのたびに反論し続けましたが、会社の取引先の名前、取引先銀行名、通帳ナンバー、自宅住所、家族構成、写真などがそのサイトに勝手に掲載されてしまいます。

彼は、感情的になり「ふざけるな！　出てこい卑怯者、顔と名前を出せ！」と発言したところ、火に油を注ぐように拡散し、炎上が始りました。

「なんだ、生意気だ」「おまえはヤクザか」「何を偉そうに」「死ね」「倒産だ」と拡大していくのです。それから、さらに酷くなるため反論を辞めました。

しかし、炎上は留まることを知りません。そこで、私の体験をもとに提案したのが「内容証明郵便」でした。


まず、ネット上の書き込みを特定するために、
(1)相手の書き込み内容を保存（日時を含めて）する。
(2)サイトの管理会社へＩＰアドレス情報を請求する（応じない場合「発信者情報開示請求の仮処分を申し立てる）。
(3)ＩＰアドレスを元にプロバイダを特定する。
(4)プロバイダ会社へ「発信者開示請求の申し立て」をします。
そして、以下の内容証明郵便を出しました。

通知書
貴方の書き込んだ○○サイトにおいて、私○○会社への中傷及び私○○に対する中傷に関し

て一切の事実に反するものであり、「個人情報保護違反」「名誉棄損侵害行為（プライバシー侵害）」「肖像権侵害行為」等の虚偽の記載によって個人及び会社は多大なる損害を被っております。すみやかに貴方の非を認め、本書通達七日以内に返答を望む。謝罪及び返答なき場合、損害賠償金として一千万円の請求と○○サイト内に謝罪文の掲載をすること。それが行われない場合、民事裁判及び刑事事件として訴訟を起こします。誠意ある謝罪と返答を望む

○○年○月○日

通知人○○○

○○○○殿

この文書は弁護士さんに頼んだものではありません。友人と二人で考えたものです。

その理由は、弁護士さんに相談したところで、費用がかかりすぎること、日数がかかりすぎることで断念し、自分のことだから自分で事を起こそうと考えました。

二人で郵便局に出向き「内容証明書」を購入し、内容を郵便局の担当の方と相談してまとめました。

私たちは素人ですが、内容証明郵便を代理人弁護士に頼まなくとも作成することができました。

そして、驚いたことに、わずか数日で相手から謝罪の電話と直接お詫びしたい、裁判にだけは持ち込まないで欲しいと哀願されたのです。

私たちは○○サイトで拡散してしまったすべての人に対しては対応できませんが、最初の発信人の「謝罪文」をそのサイトに掲載することで終わりにしました。

その後、謝罪文を掲載した発信人が炎上となりました。

人の心理

ある日、私の友人から手紙が来ました。

手紙と言ってもそれは「内容証明郵便」でした。私が人生で二度目に手にした公的な文書でした。

私は配達員に受け取りのサインをして、恐る恐るその封を開けます。

しかし、何か怖い……。心は不安でいっぱいになりました。私はこの友人に何か悪いことをしてしまったのだろうか？

自分では気づかないが友人を傷つけてしまったのだろうか？

お金でも借りていたのか？　何も思い当りません。思い当ることがなければないほど恐怖心が襲いかかります。もう、心臓は高鳴り、頭の中は恐怖心でパニックとなりました。

どうしてか、といえばただの連絡であれば電話でも、手紙でも良いからです。それが、このような重々しい封書で届くのですから何かあったに違いないと考えてしまうのです。

私の脳裏には以前の裁判を想い出します。あの時も内容証明郵便が来たからです。

「……ああ……また何かに巻き込まれてしまったのだろうか」

恐る恐る、その封書を開けて見ると、赤いマス目の用紙に手書きで書かれた文書が見えました。その内容は。

「通知書　おい、たまには連絡よこせ！　酒でも飲もうぜ！　すぐに連絡なき場合は損害賠償として金１００万円を飲み代として請求する！　◯◯より」

私の心臓音がいくらか収まったようです。しかし、なぜ内容証明郵便でこのような内容が送られたのか疑問のまま、この友人に電話しました。

「はは、お前はなあ、こうもしないとなかなか連絡をくれないだろう、たまには顔ぐらい出さないと飲み屋の請求を全部回すからな！」

私は、慌てて謝罪して、損害賠償として後日の居酒屋での費用をおごり支払うことで和解したのです。

このように「人の心理」とは不思議なもので、私たち日本人は裁判慣れしていないせいなのか、「弁護士」「裁判所」「裁判」「内容証明」などという言葉には何もしていなくとも怖れを抱いてしまっているようです。

「内容証明郵便」をもらう人のほとんどは、私と同じように驚き、おののき、不安と恐怖心のかたまりとなります。ましてや、もし他人に何かしら悪いことをしていたとしたら、恐怖心はさらに何十倍と大きくなるでしょう。それだけ強烈なものです。

また、裁判とは法律違反者に「罰」を与えるところでもあるので、一般人にとっては恐怖以外の何ものでもありません。

しかし、その恐怖心が犯罪を減らす役目ですから、社会の秩序を守る大切なものです。

「内容証明郵便」は事実、証拠を残し、実際の裁判資料として重要な証拠書類となるものです。この文書は素人でも簡単にまとめて書けるものです。むずかしい言葉などいりません。特に、感情的なものもなく伝えたいことを事務的に書けばよいだけで、その文章には上手い下手などもありません。ネット上だけに限らず、トラブルが起きた場合の証拠書類として作成すれば良いものです。

また、費用は四三〇円（二枚目以降は二六〇円加算）と低額のため、誰にでも簡単にできるという利点があります。

私はこの「内容証明郵便」を活用して、大人の社会だけでなく、子どもたちのトラブル、被害にあっている子どもたち、スマホで困っている、ＳＮＳ等のフェイスブックの投稿サイトにおける「個人情報保護法（プライバシー権）」「肖像権」「名誉棄損」「著作権」被害にあっている人たちへ、ＳＯＳの声を活かしてほしいと願っています。

55 資料編

１・内容証明郵便の詳細（郵便局ホームページから引用）

内容証明

内容証明とは、いつ、いかなる内容の文書を誰から誰あてに差し出されたかということを、差出人が作成した謄本によって当社が証明する制度です。

当社が証明するものは内容文書の存在であり、文書の内容が真実であるかどうかを証明するものではありません。

内容文書とは、受取人へ送達する文書をいいます。

謄本とは、内容文書を謄写した書面をいい、差出人及び差出郵便局において保管するものです。

また、電子内容証明サービス（e内容証明）では、インターネットで二四時間受付を行っています。

内容証明の差出方法

主な内容証明の差出方法等は、次のとおりです。

差出郵便局

差し出すことのできる郵便局は、集配郵便局及び支社が指定した郵便局です。すべての郵便局において差し出すことができるものではありませんので、あらかじめ差出郵便局へお尋ねください。

差し出す方法

郵便窓口に次のものを提出していただきます。

（一）内容文書（受取人へ送付するもの）
（二）（一）の謄本二通（差出人及び郵便局が各1通ずつ保存するもの）
（三）差出人及び受取人の住所氏名を記載した封筒
（四）内容証明の加算料金を含む郵便料金

念のため、差出人の印鑑をお持ちいただくことをお勧めいたします。

内容文書・謄本とも、用紙の大きさ、記載用具を問いませんから、市販の内容証明用紙以外の用紙を用いても、また、コピーにより作成してもかまいません。ただし、謄本には字数・行数の制限があります。詳細はご利用の条件等をご覧ください。

謄本の提出で再び証明を受けられる

差出人は、差し出した日から五年以内に限り、差出郵便局に保存されている謄本の閲覧を請求することができます。また、差出人は差し出した日から五年以内に限り、差出郵便局に謄本を提出して再度証明を受けることができます。

利用料金

内容証明の加算料金は四三〇円（二枚目以降は二六〇円増）となります。

なお、切手でお支払いいただく場合は、封筒に貼付せずに、郵便窓口までお持ちください。

郵送は一般書留になる

速達、一般書留、引受時刻証明、配達証明、特別送達、本人限定受取、代金引換及び配達日指定以外のオプションサービスとすることはできません。

同文内容証明については、一通は上記に定める額とし、その他は一通ごとにその半額となります。

同文内容証明とは、同時に二通以上の内容証明郵便物を差し出す場合において、その内容文書が同一内容のものをいいます。

差出郵便局で謄本を閲覧する場合の料金は四三〇円となります。

2・内容証明の具体的事例

催　告　書

　貴殿のホームページに掲載されている文章及び写真は、私の著作物です。私は貴殿にその著作物の使用許諾を与えた覚えもなく、私の著作物等を無断で使用しているため著作権侵害となります。つきましては、すみやかに掲載内容を削除するよう請求します。また、貴殿のホームページに謝罪文の掲載及び無断使用料として金180万円を請求致します。
　本状書面到達後、○○日以内にご回答及びお振込みなき場合は法的手段を取らせて頂くことを念のため申し添えます。

内容証明書用紙

平成○年○月○日

東京都八王子市○○町○番地
○○○○（名前）

東京都○○市○○町○○番地○○号
○○○○殿（相手側親名）
○○○○殿（相手名）

3・著作権侵害行為罰則

行為	罰則（個人）	罰則（法人）	親告罪
著作人格権または実演家人格権の侵害	5年以下の懲役または500万円以下の罰金（併科可）	500万円以下の罰金	○
営業目的でダビング機を設置、公衆に提供	5年以下の懲役または500万円以下の罰金（併科可）	500万円以下の罰金	○
無断複製物などを頒布目的で輸入	5年以下の懲役または500万円以下の罰金（併科可）	3億円以下の罰金	○
権利侵害により作成された物を事情を知りつつ頒布や所持、輸出	5年以下の懲役または500万円以下の罰金（併科可）	3億円以下の罰金	○
プログラムの違法複製物（海賊版コピーなど）を業務使用	5年以下の懲役または500万円以下の罰金（併科可）	3億円以下の罰金	○
著作者や実演家の死後に人格権の侵害	500万円以下の罰金	500万円以下の罰金	×
コピーガードを解除する機械やプログラムの製造、頒布、所持、輸入、ネットへの掲載	3年以下の懲役または300万円以下の罰金（併科可）	300万円以下の罰金	×
個人利用目的でも、販売または有料配信されている音楽や映像が著作権侵害の販売・配信であることを知りながらダウンロード等すること	2年以下の懲役または200万円以下の罰金（併科可）		○
著作者名を偽って著作物を頒布	1年以下の懲役または100万円以下の罰金（併科可）	100万円以下の罰金	×

平成30年4月26日
少年課
情報技術犯罪対策課

平成29年におけるSNS等に起因する被害児童の現状と対策について

資料1 SNS等に起因する事犯の被害児童数の推移

・ SNSに起因する事犯の被害児童数は、青少年のスマートフォン等の所有・利用状況の増加に伴い増加傾向
・ 一方、出会い系サイトに起因する事犯の被害児童数は、平成20年の法改正以降減少傾向

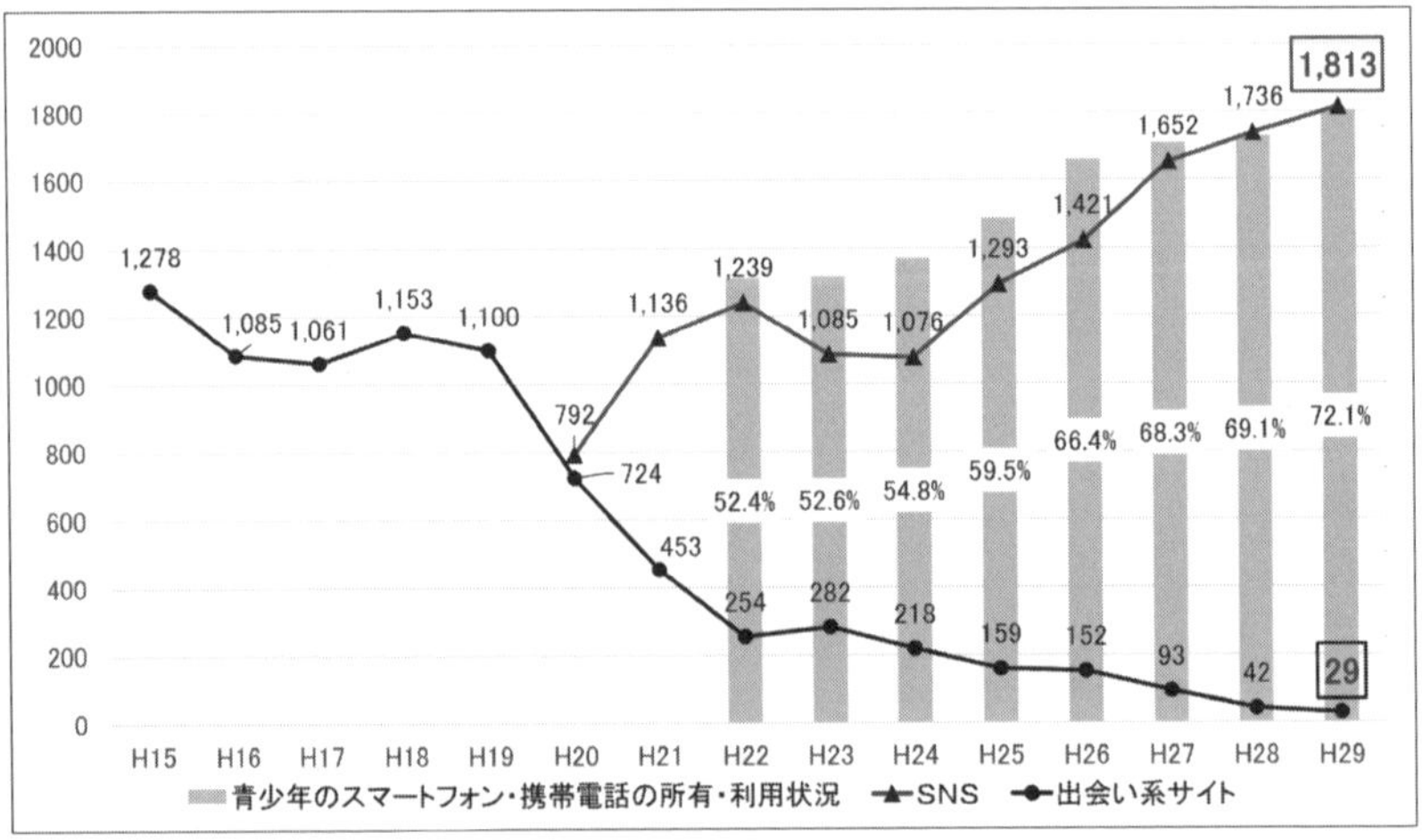

※ 青少年のスマートフォン・携帯電話の所有・利用状況(統計数値)については、内閣府ホームページから引用

資料2　罪種別の被害児童数の推移(SNS)

罪種別では、児童ポルノ及び児童買春事犯が増加傾向にあり、他罪種は横ばい。

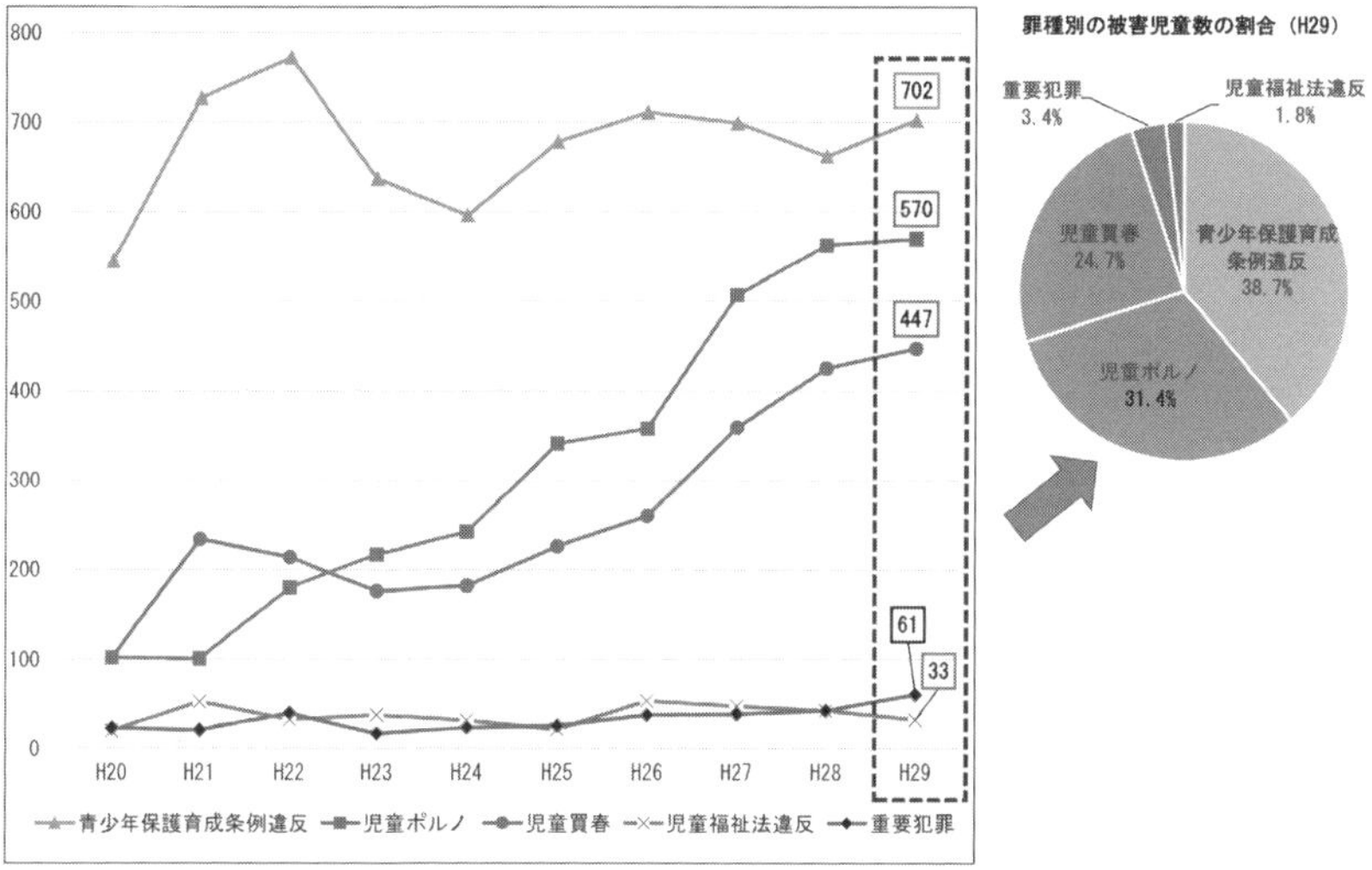

資料3　年齢別の被害児童数の推移(SNS)

年齢別では、13歳と15歳が増加傾向にあり、16歳及び17歳は横ばい。

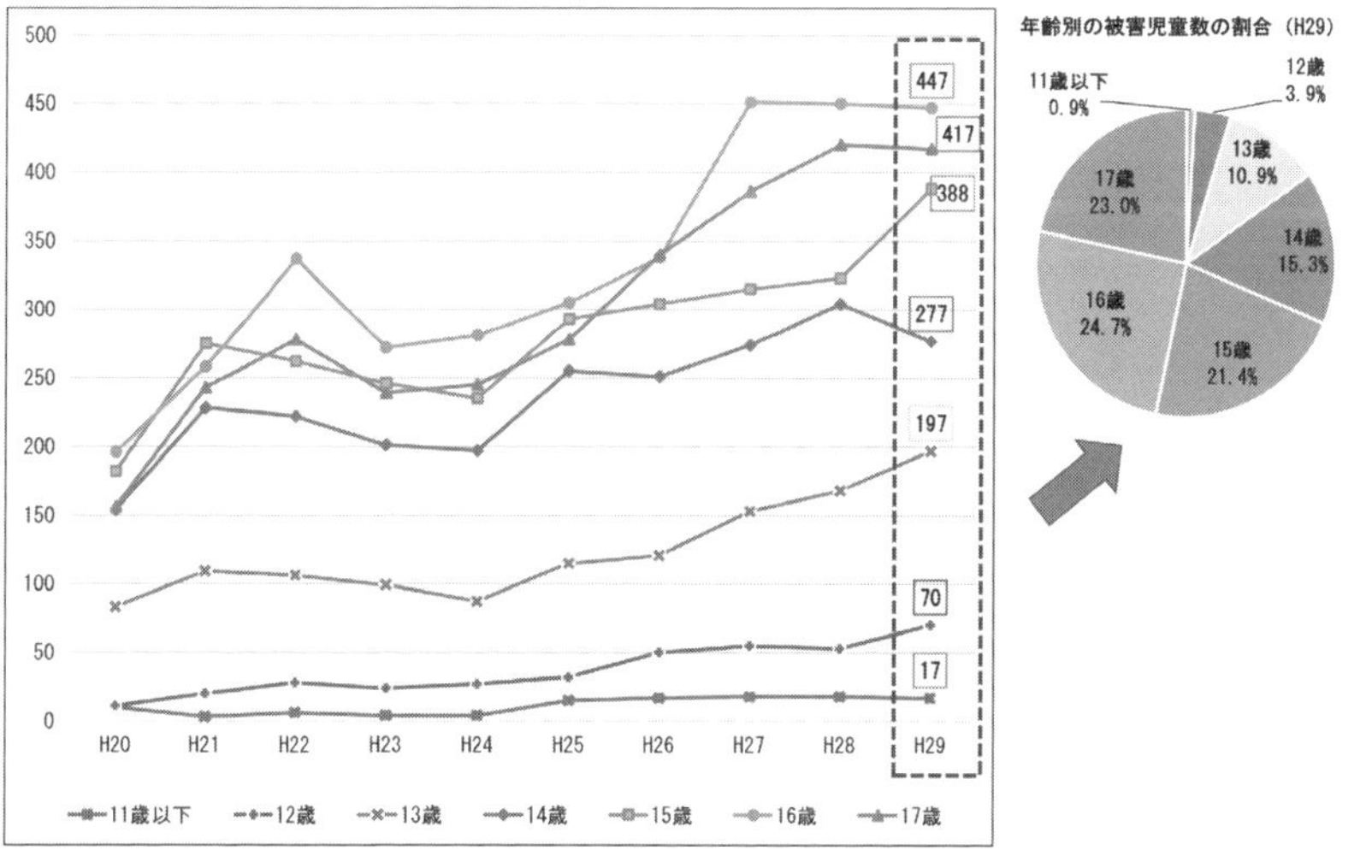

資料4　学職別の被害児童数の推移（SNS）

学職別では、高校生及び中学生が9割弱を占める。

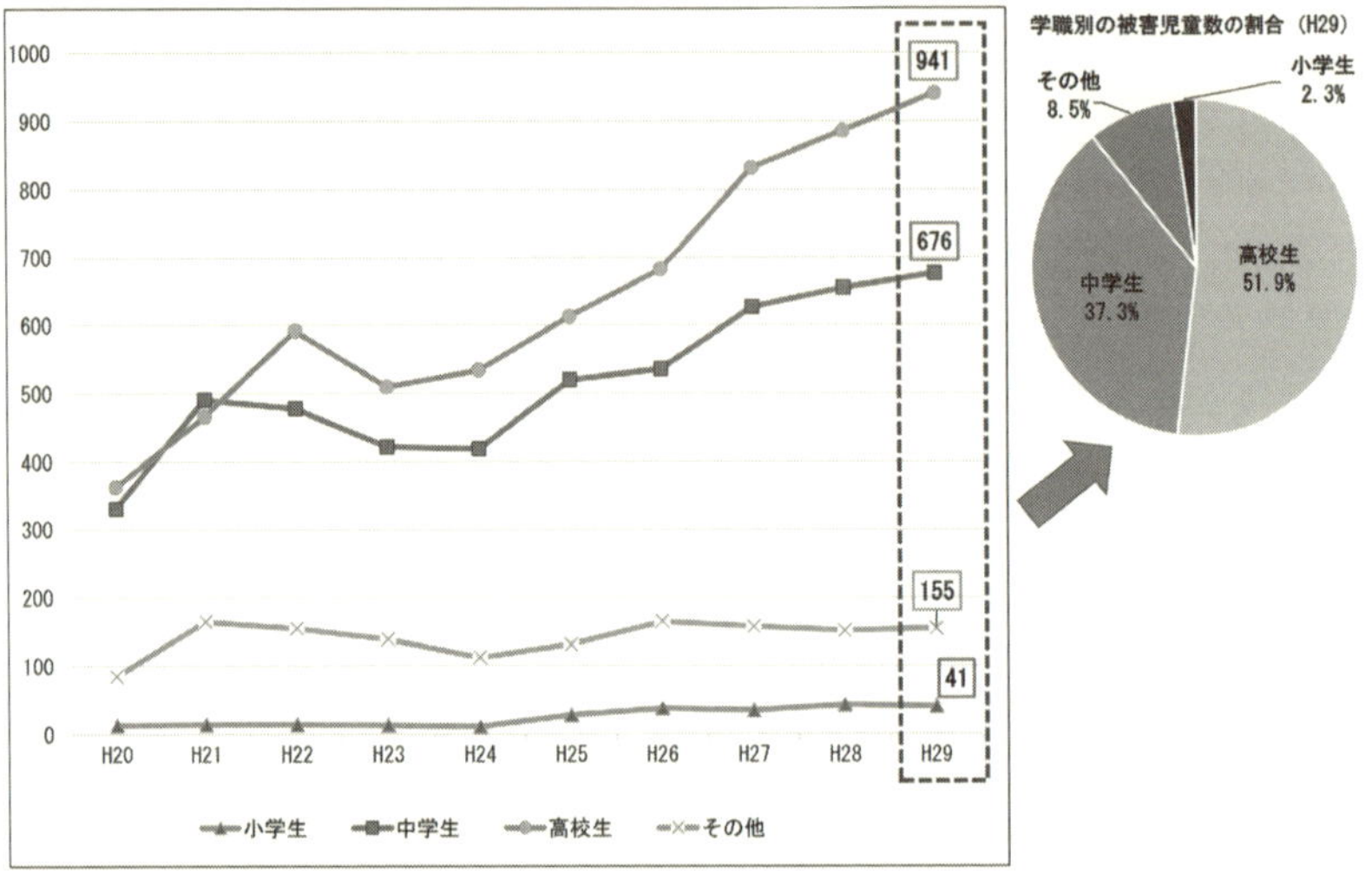

資料5　罪種別の被害児童数の推移（出会い系サイト）

罪種別では、児童買春及び児童ポルノ事犯が全体の8割弱を占める。

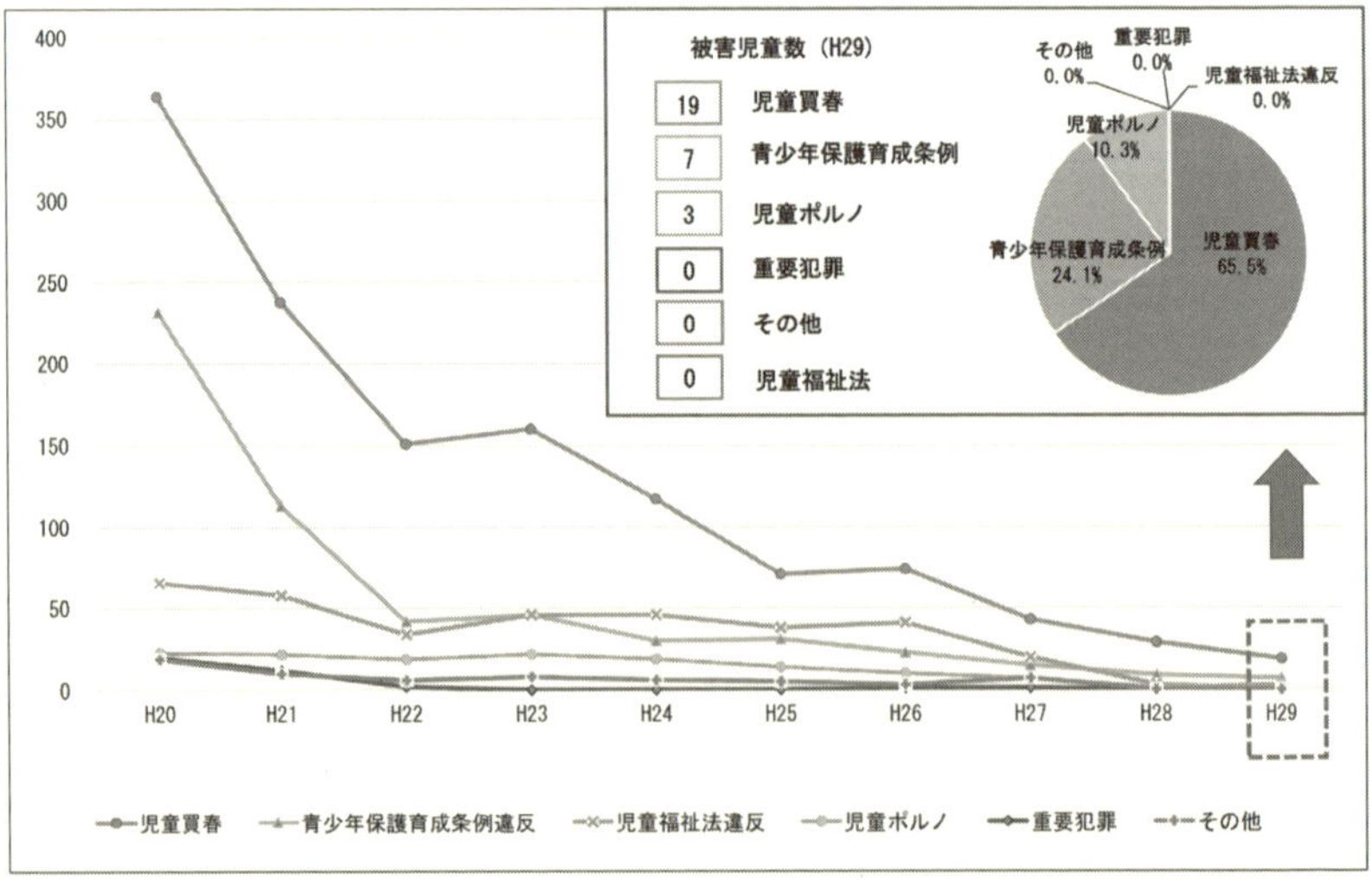

資料6　年齢別の被害児童数の推移（出会い系サイト）

年齢別では、16歳及び17歳が全体の約7割を占める。

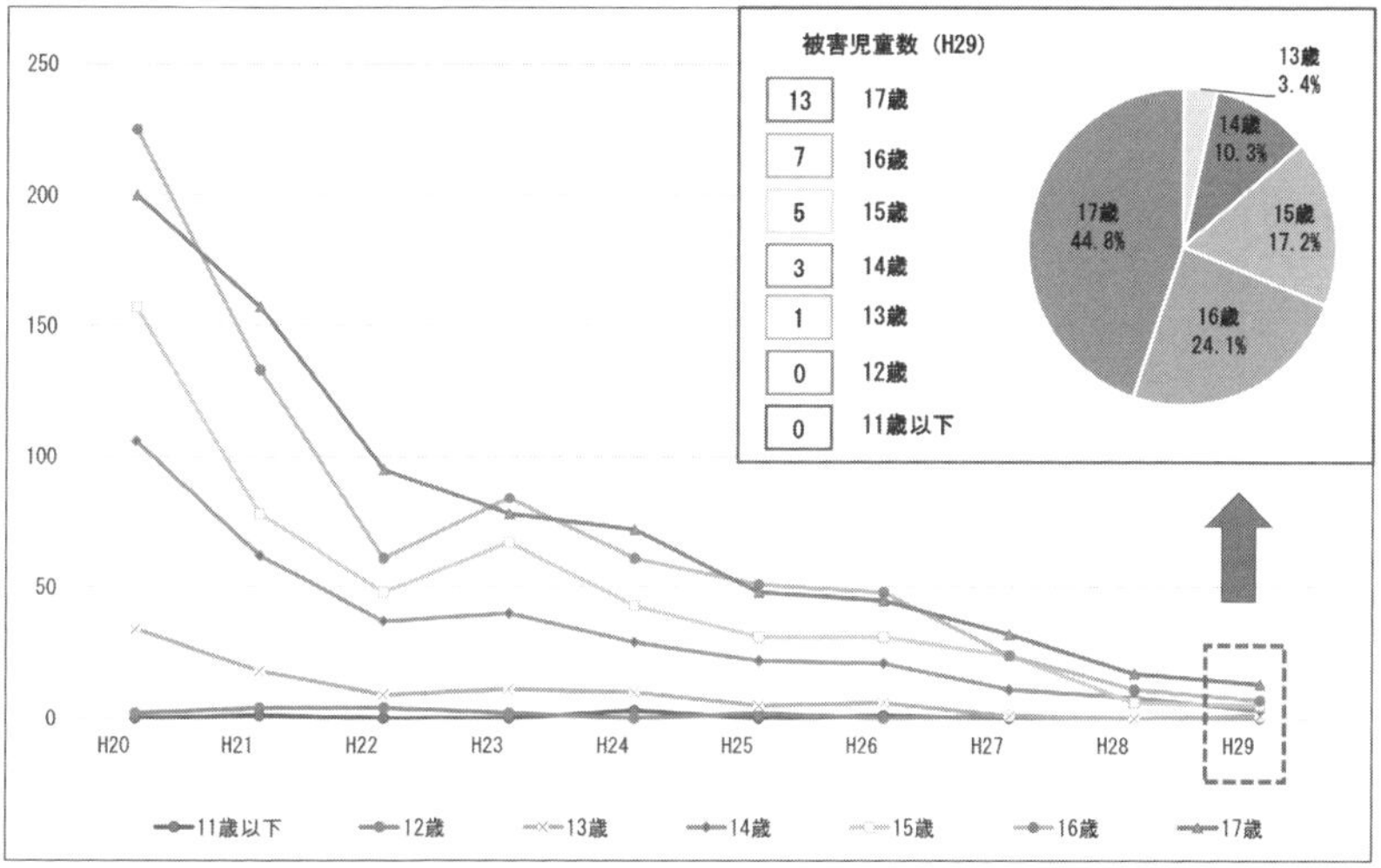

資料7　SNSのサイト種別の被害児童数の推移

サイト別では、「複数交流系」が増加傾向にあり、他種別は、横ばい又は減少傾向。

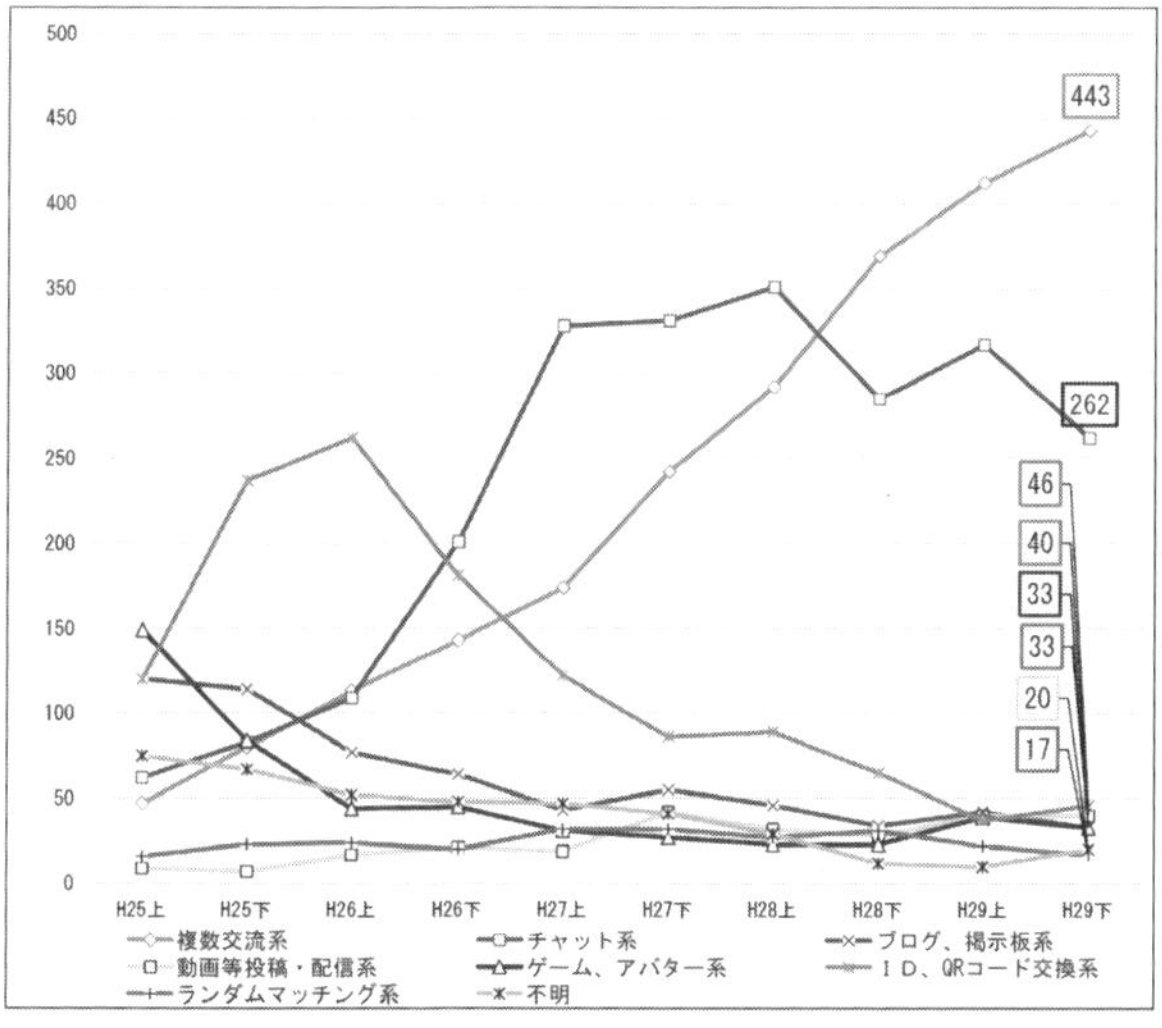

複数交流系：広く情報発信や同時に複数の友人等と交流する際に利用されるサイト

チャット系：面識のない利用者同士チャットにより交流するサイト

ブログ、掲示板系：趣味やカテゴリー別のコメント、日記等を掲載し、それを閲覧した利用者と交流するサイト

動画等投稿・配信系：動画や画像、音声等を投稿、配信し、それを閲覧した利用者と交流するサイト

ゲーム、アバター系：主にゲーム等のキャラクターやアバターとして他の利用者と交流するサイト

ＩＤ、ＱＲコード交換系：ＩＤやＱＲコードを交換し見知らぬ相手と交流することを目的としたサイト

ランダムマッチング系：ランダムに他の利用者と結びつき、その利用者と交流するサイト

不明：サイトやアプリを特定するに至らなかったもの

資料8　被害児童のSNSへのアクセス手段（割合）の推移

被害児童のSNSへのアクセス手段では、9割弱がスマートフォンを利用。

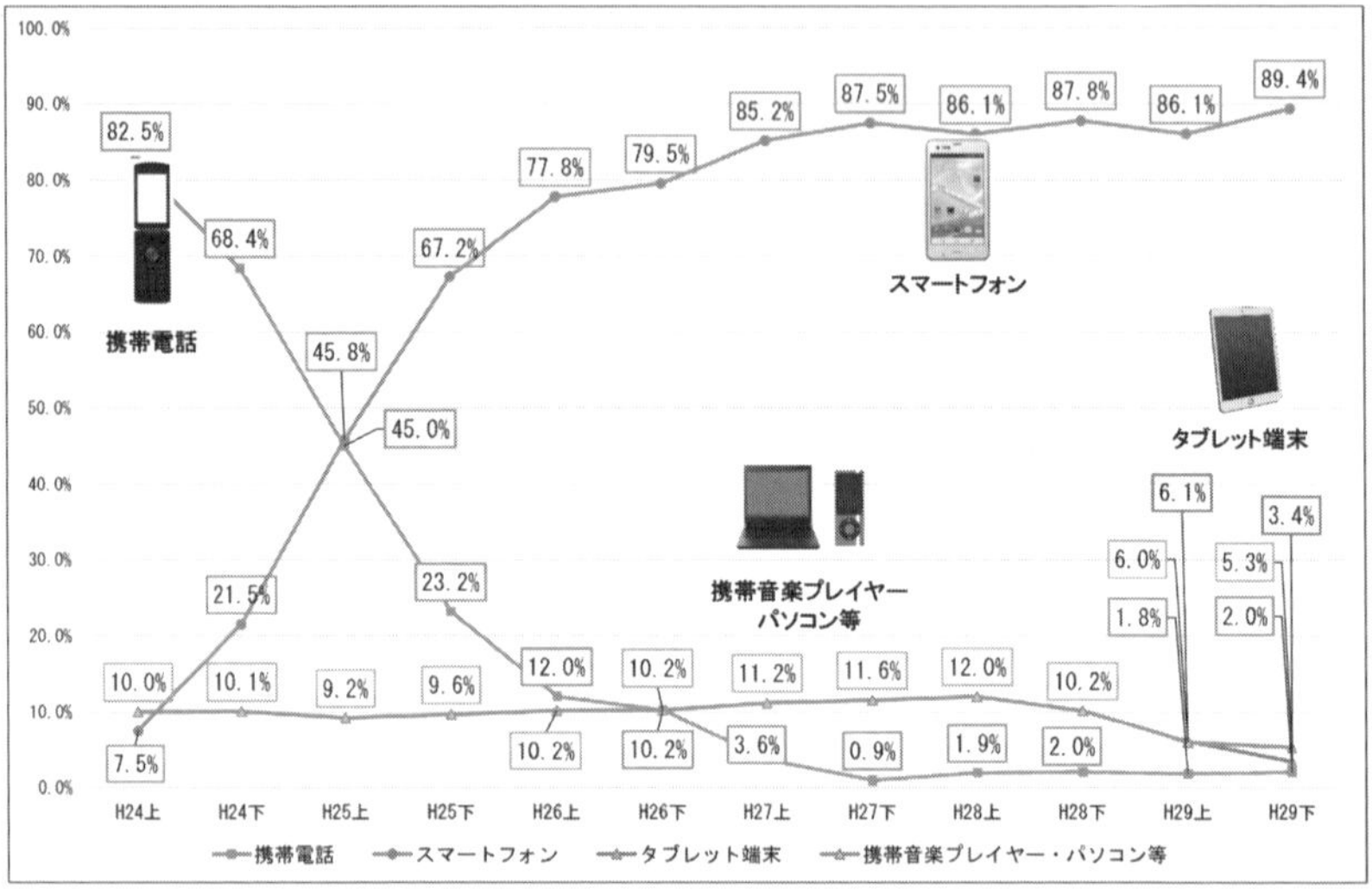

資料9　SNSにおける被害児童の現状

- 被疑者と会った理由では、「金品目的」及び「性的関係目的」に関連する理由が4割強を占める。
- 学校における指導状況では、「指導を受けたことはない」又は「わからない、覚えていない」と回答した児童が5割弱を占める。

【被疑者と会った理由】n =1,468

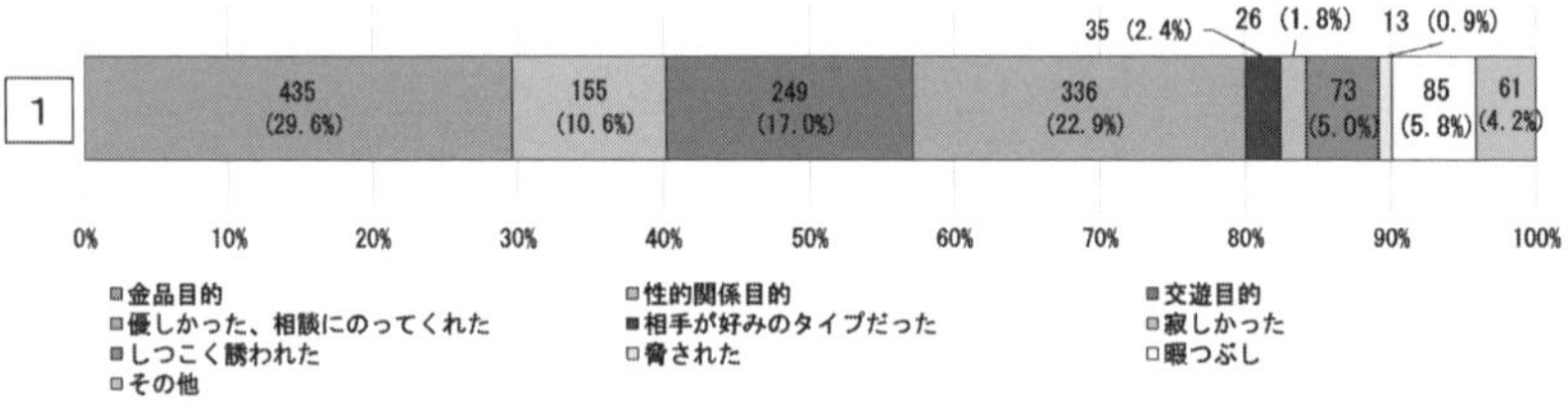

【学校における指導状況】n =1,673

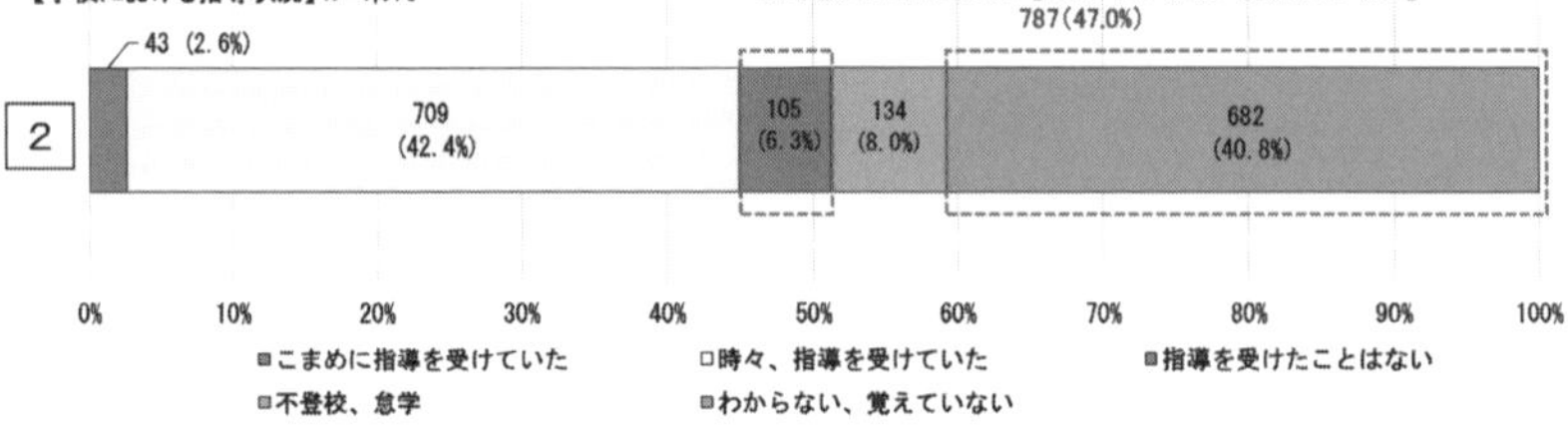

資料10　フィルタリングの利用状況

・フィルタリングの利用の有無が判明した被害児童のうち、８割強が契約当時から利用していない。
・契約当時からフィルタリングを利用していない被害児童において、保護者の多くがその理由を「特に理由はない」と回答しており、関心の低さが見られた。

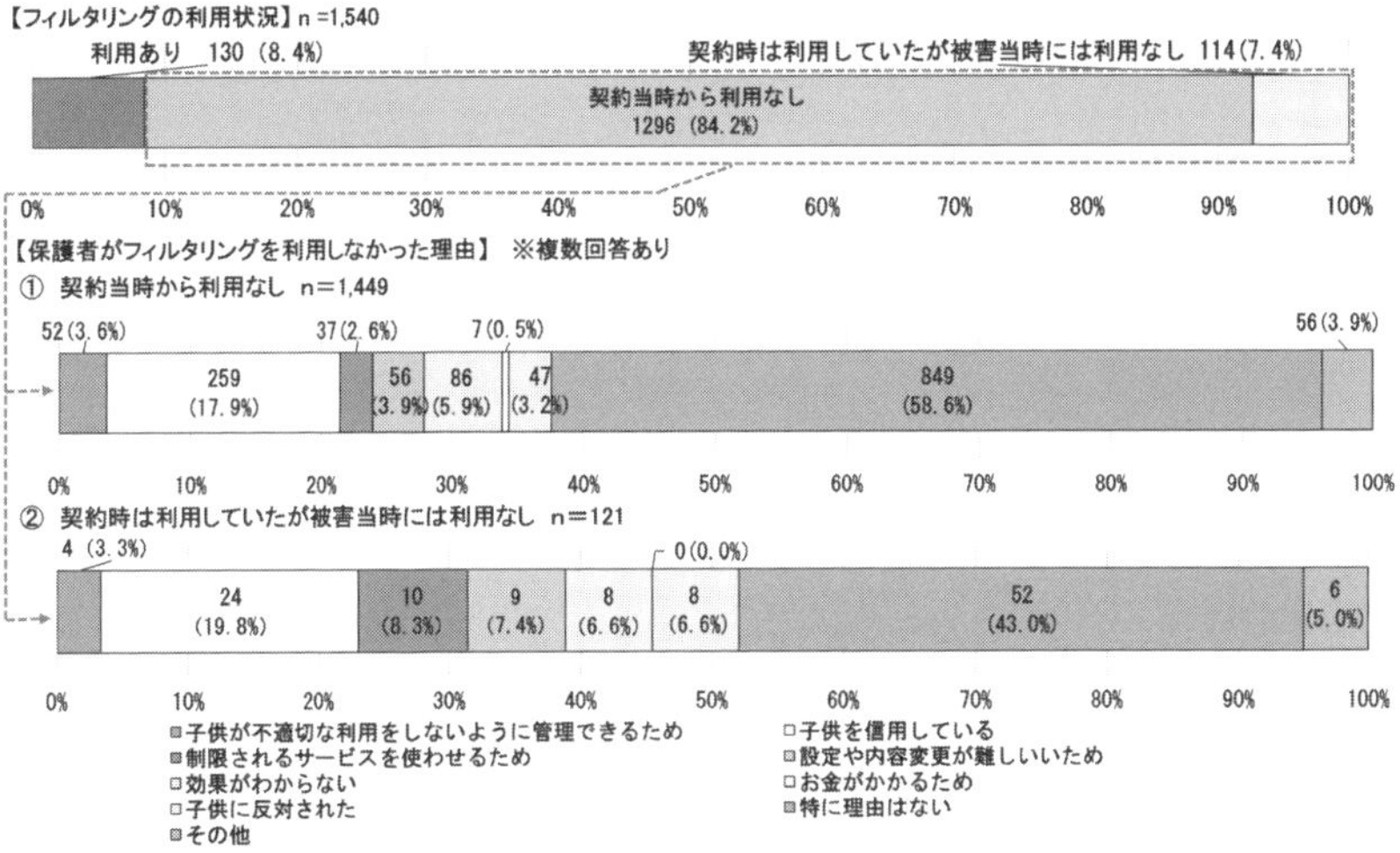

資料11　被害児童数が多いサイト

「Twitter」と「ひま部」に起因する被害児童数が増加。

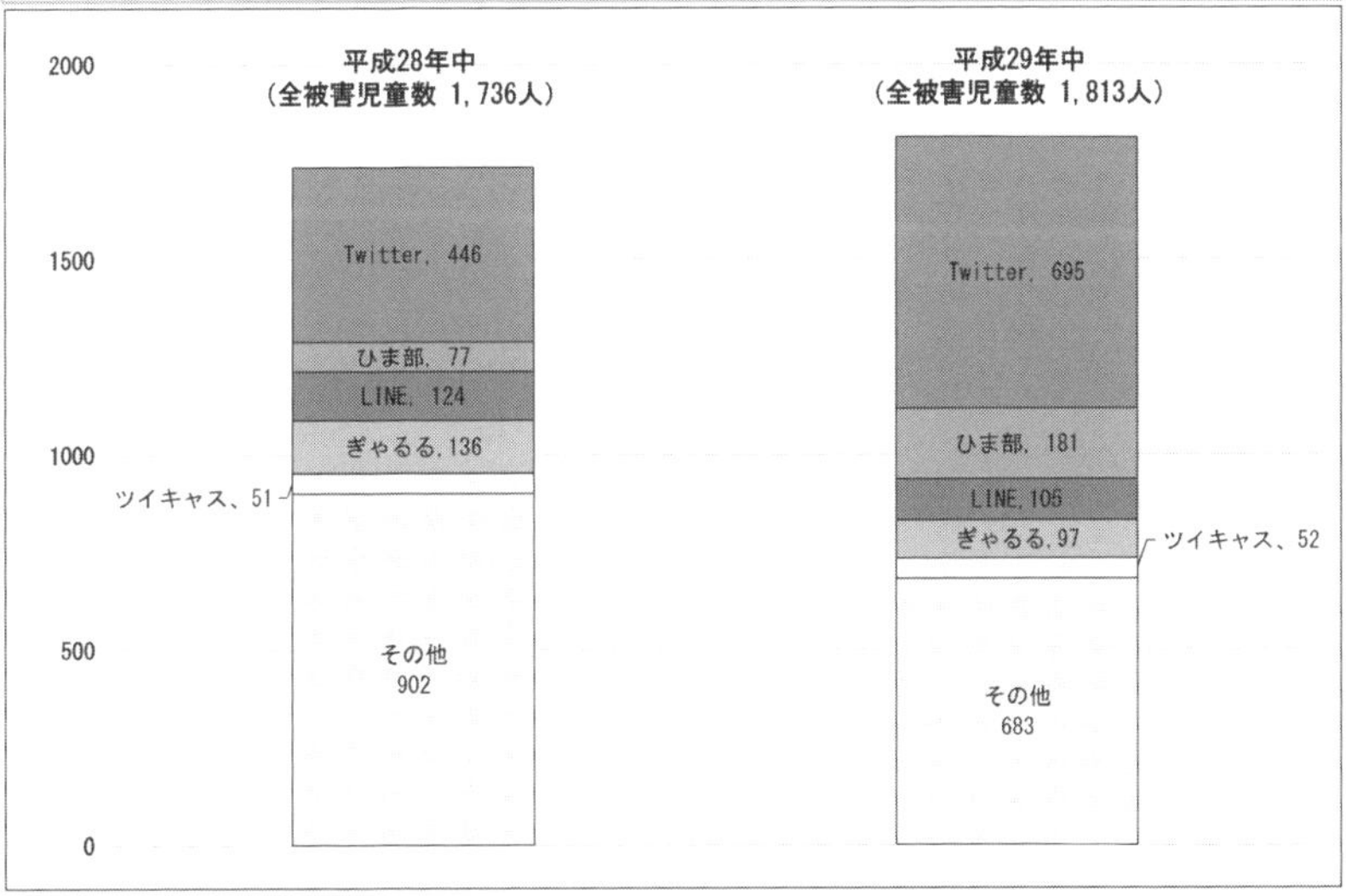

参考文献（著作権判例データベース）

『著作権判例データベース』http://tyosaku.hanrei.jp/tree/cr/cr/1/page1.html
『商標判例データベース』http://shohyo.hanrwi.jp/hanrei/tm/5268.html
『特許判例データベース』http://tokkyo.hanrei.jp/
『実用新案判例データベース』http://jitsuyou.hanrei.jp/
『意匠判例データベース』http://isho.hanrei.jp/
『不正競争防止法判例データベース』http://husei.hanrei.jp/
『不正競争防止法の解説』井上健一著（一橋出版）
『模倣と創造のルールブック』凸版印刷知的財産研究会編（グラフィック社）
『不正競争防止法における商品形態の模倣』大阪弁護士会知的財産法実務研究会（㈳商事法務研究会）
『不正競争防関係・判例と実務』大阪弁護士会編（民事法研究会）
『不正競争防止法（事例・判例）』青山紘一著（経済産業調査会）
『特許　本質とその周辺』三宅正雄著（㈳発明協会）
『自治体の知的財産経営』井上均・金子直哉著（日刊工業）
知っておきたい『特許法』工業所有権法研究グループ編（独立行政法人国立印刷局）
別冊ジュリスト『メディア判例百選』堀部政男・長谷部恭男編（有斐閣）
別冊ジュリスト『特許判例百選』中山信弘、相澤英孝、大渕哲也編（有斐閣）
『知的財産立国への道』内閣官房知的財産戦略推進事務局編（ぎょうせい）
『中国知的財産権ハンドブック』張　輝、韓登営著（東京布井出版）

『表現の自由・著作権・名誉毀損』（日外アソシエーツ）
『新版・著作権事典』著作権法令研究会監修（出版ニュース社）
『判例から学ぶ著作権』北村行夫著（太田出版）
『裁判実務体系２７』知的財産関係訴訟法　斉藤博・牧野利秋著（青林書院）
『知的所有権法基本判例』〈著作権〉土井輝生著（同文館）
『判例でわかる著作権』日本著作権協議会（出版ニュース社）
『著作権の法廷』『続著作権の法廷』岡邦俊著（ぎょうせい）
『実用法律事典・著作権』中川善之助・阿部浩二著（第一法規）
『証拠能力に関する刑事裁判判例集』（法曹会）
『知的財産・著作権ライセンス契約入門』山本孝夫著（三省堂）
『マルチメディア時代の著作権の法廷』岡邦俊著（ぎょうせい）
『最新著作権判例集』（第1集～第8集）著作権判例研究会著（ぎょうせい）
『知的財産関係民事・行政裁判判例要旨集』（法曹会）
『著作権関連法令集』（平成13年度版）㈳著作権情報センター
『基本的人権の事件簿』（有斐閣選書）
『著作権法雑感』『特許法雑感』『商標法雑感』三宅正雄著㈳発明協会
『著作権法の研究』『著作権法の現代的課題』半田正夫著（一粒社）
『著作物の利用形態と権利保護』『転機にさしかかった著作権制度』半田正夫著（一粒社）
『著作権が明確になる一〇章』吉田大輔著（出版ニュース社）
『明解になる著作権２０１答』吉田大輔著（出版ニュース社）
『法と芸術・著作権法入門』小笠原正仁著（明石書店）
別冊ジュリスト『著作権判例百選第二版・三版』斉藤博、半田正夫編（有斐閣）
『ジュリスト著作権制度百年』１１６０号（有斐閣）
『模倣される日本』浜野保樹著（祥伝社）

『知的所有権ビジネス「完全」ガイド』富樫康明著（評言社）
『著作権ビジネス活用法』富樫康明著（近代文藝社）
『インターネット時代の著作権』富樫康明著（日本地域社会研究所）
『1億人の著作権』富樫康明著（日本地域社会研究所）
『個ビジネスわくわく発想法』富樫康明著（日本地域社会研究所）
『著作者になる本』富樫康明著（日本地域社会研究所）
『無料・無断で使える著作権ガイド』富樫康明著（日本地域社会研究所）
『わくわく発想術』富樫康明著（マネジメント社）
『あなたの権利をお金にかえるテクニック教えます』富樫康明著（cosmos）
『著作権100の事件簿』富樫康明著（勉誠出版）
『著作権に気をつけろ！』富樫康明著（勉誠出版）
『もう特許なんていらない』富樫康明著（本の泉社）
『知って得する著作権、知らなきゃ損する著作権』富樫康明著（にじゅういち出版）
『知らないと危ない！著作権トラブル』富樫康明著（花伝社）

＊注

著作権法第一〇条第二項では「事実にすぎない雑報及び時事の報道」は著作物に該当しないといいます。また、「いつ、どこで、誰の車が、誰の車と衝突し、誰それは死亡した」という事実の羅列だけの短い記事などは、どの記者が書いても、表現に個性の差（創意や工夫）が現れません。他にも小さな死亡記事、人事往来記事、スポーツの記録なども著作物に当たらないとされています。
『読売新聞サイトポリシー』http://www.yomiuri.co.jp.policy/copyright/
ただし、それ以外の写真や図、創作性のある著作物にはすべて著作権が発生しています。
本書籍、「ネット社会のスマホ・チルドレン　もめごとSOS」の情報は、新聞、テレビ、ラジオ、インターネット、講演会での質疑応答や独自の取材を含めて「事実にすぎない雑報及び時事の報道」をもとに著作者自身がまとめたものです。

おわりに――YES（copyright）

スマホやパソコンの画面を熱心にのぞき込みながら、人々がよく口にする言葉。

「私的利用の範囲だから何も問題はない！」と。

スマホを扱う人のほとんどが、「私的利用」だと思っていることには驚いてしまいます。まだまだ、私的利用については誤解があるようです。

確かに、著作権法では「私的利用」を認めています（著作権法第三〇条一項）。どのような著作物であっても、どんな権利のあるものでも、私的利用の範囲ならば、他人の著作物を自由に利用することができます。

しかし、この「私的利用の範囲」というは、「私的」という言葉が表すように、とても狭い範囲のことです。

ここでの「私的」とは、「個人的又は家庭内における限られた範囲内」という意味なのです。例えば、ホームページやスマホに画像を保存するだけあれば、「私的の範囲内」ですが、その画像をインターネットにアップロードして配信公表することは、「私的の範囲を超えたもの」となります。

ネット上では、国境を越えた不特定多数の人が自由に閲覧できるからです。

ですから、不特定多数が対象となるホームページ、ブログ、ツィッター、SNS、フェイスブック、LINE上では、アップロードされたすべてが私的利用にはならないのです。

また、他人の写真や映像を勝手に使用すれば、「著作権侵害」「著作者人格権侵害」「肖像権侵害」「個人情報保護法違反」などの民事裁判、刑事裁判の対象となります。

このことを知らない人々は、

「私のフェイスブックは特定の人たちとやっているのだから、私的使用の範囲よ！」と、いまだに言います。フェイスブックでの友だちが多くなれば、すぐに私的使用の範囲を超えてしまうのに。

例えば、フェイスブックを利用するメンバーを一〇人に限ったとしても、その中の一人が画像やプライベートな内容を安易に他のサイトで使用すれば、瞬時に拡散してしまいます。

ですから、たとえ私的利用の範囲内であっても「他人に見せたくない、見られたくない内容や画像」は安易に公表すべきではありません。

現在、フェイスブックの利用者は世界で一〇億人以上といわれ、三億枚以上の写真や映像がアップロードされています。「いいね！」ボタンは、一日に五〇億件以上ともいわれています。日本の利用者も数千万人となり、さらに拡大し続けています。

ものすごいい勢いですね。

また、フェイスブックに登録された多くの人の年齢、性別、勤務先、趣味などの情報をもとに、企業などは効率的な広告配信ができるため、フェイスブックでの売上高も年々拡大路線を走っているようです（四兆円市場、二〇一七年）。

フェイスブックの創業者マーク・ザッカーバーグ氏は、二〇一二年五月一八日に米ナスダック市場に上場し、市場から調達した資金額は約一八四億ドル（約一兆四六〇〇億円）、株式時価総額は約一〇四六億ドル（約九兆二七〇〇億円）という驚きの数字となっています。

スマホで誰もが美しい写真を撮れる時代になりました。

きっと昔の写真家がいまの世の中を見たら驚くことでしょうね。

カメラといえば高価なもので一般の人には高嶺の花でした。

そして、写真を撮影する人はカメラマンと呼ばれる専門家でした。

カメラが普及し、やがてデジカメが生まれ、そしてケータイカメラが登場し、さらに飛躍的に画素数が増大したスマホカメラが生まれました。

パソコンの普及とともに、誰もが簡単に画像処理、加工ができるようになりました。まさに一億総カメラマン、一億総著作者時代となりました。

しかし、そこに一貫したマナーやルールはありません。残念ながら、ほとんどの人が著作権侵害、肖像権侵害、プライバシー侵害、個人情報保護法違反となっています。

多くの人たちが撮影した本人に権利があると勘違いし、撮影する場合においてもルールやマナーが欠如しているために、トラブルが続出しています。

「撮ってもよろしいですか?」

「こんな感じに撮れました」

「この写真を私のフェイスブックに掲載しても良いですか?」

あなたは、こんなふうに撮影者から尋ねられたことがありますか? あなたは、こんなふうに被写体に対して敬意を示していますか?

こんな基本的な確認(承諾)というマナーも守れないから、無断使用、無許可掲載となってしまい、後々トラブルへと発展してしまうのです。

昔は写真を他人に渡すにはプリントでしたが、現在は撮影してすぐに画像をメールで送ることができますね。それぞれの用途に合わせて、どんな画像でも簡単に送れます。

しかし気をつけないと、自分の意図しない人のところまで届いてしまい、トラブルの引き金になるものです。

本書は子どもたちを取り巻く問題を多く取り上げていますので、子どもたちと接する時間が多いお母さんやお父さんにぜひ読んでいただき、何も知らない子どもたちに伝えていただきたいと思います。

子どもたちのトラブルは、大人たちのトラブルでもあります。

私が主宰する特定非営利活動法人著作権協会が全国を巡る講演活動の中で、多くの質問を受けたものの中から、行く先々の地域を問わないＳＯＳを抽出し、本文としました。

私は長年にわたり、著作権についての啓蒙活動を行ってきましたが、皆さんからの問いに出合うたび、時代が要求している著作権の使命を改めて考えています。

講演でのＳＯＳが多くなりつつあるにもかかわらず、依然として本屋に並んでいる著作権関連の書籍は、専門家のための法律の本ばかりです。

むずかしい法律論よりも実例を交えたノウハウの方が、皆さまのお役に立つかと思います。

ここまで読んでいただいてありがとうございました。

かつての怪物「著作権」が時を経て、今、皆さまの救世主となることを願います。

二〇一八年七月

特定非営利活動法人著作権協会

理事長　富樫康明

制作協力　脇三枝子

著者略歴

富樫康明（とがし・やすあき）

特定非営利活動法人著作権協会 理事長。

1954年東京生まれ。十代のころよりイラストレータとして活動し、1972年に商業デザイン会社を創業。1999年、特定非営利活動法人著作権協会を設立、理事長を務める。著作権、知的財産権のスペシャリスト。著作権事件やトラブルを取り上げた主な著書に「著作権110番」「ケータイ・ネットに気をつけろ！」（日本地域社会研究所）「著作権100の事件簿」「著作権に気をつけろ！」（勉誠出版）「知らないと危ない著作権トラブル」（花伝社）などその他多数。本書は37冊目。また、公益財団法人日本広報協会広報アドバイザーを務め、全国市町村での職員研修、中小企業などで講演活動を精力的に行っている。

■特定非営利活動法人著作権協会　http://www.npojapancopyrightassociation.com/
■Social YES Research Institute (SYRI)　http://www.theyesproject.biz/

スマホ・チルドレン　もめごとSOS

———ネット社会を生きる子どもたちのために

2018年9月25日　初版第1刷発行

著　者……富樫康明

装　幀……Hikar

発行所……批　評　社

〒113-0033 東京都文京区本郷1-28-36 鳳明ビル
Tel.……03-3813-6344　fax.……03-3813-8990
郵便振替……00180-2-84363
Eメール……book@hihyosya.co.jp
ホームページ……http://hihyosya.co.jp

組　版……字 打 屋

印　刷
製　本……モリモト印刷㈱

乱丁本・落丁本は小社宛お送り下さい。送料小社負担にて、至急お取り替えいたします。

ISBN978-4-8265-0684-7 C0030